JN214019

東アジアの刑事司法、法教育、法意識

映画『それでもボクはやってない』海を渡る

阿古智子・石塚迅・山﨑直也 編

ʎ現代人文社

刊行によせて

周防正行（映画監督）

『それでもボクはやってない』は、「怒り」が出発点になった映画でした。そして取材を重ねるうちに、現実の刑事裁判の姿を多くの人に伝えなければならないという使命感のようなものに突き動かされて、面白くしたいとか、良い映画にしたいとかではなく、自分が見て感じた刑事裁判そのものをありのままに描くにはどうしたらよいのかと考え抜いて作った映画です。

そんな映画を、東アジアの皆さん、若者がどう見て下さったのか。シンポジウムはとても嬉しい刺激的な体験でした。読者のみなさんも、多くの発見をされると思います。違う角度から「日本」を見る貴重な体験をされるでしょう。

裁判員裁判の導入から10年がたった今、市民の司法参加によって刑事裁判の姿は劇的に変わりました。証拠開示の進展、人質司法の解消、調書裁判からの脱却、その道筋が少し見えてきました。民主主義にとって、あらゆることが市民に開かれることが重要なのだと痛感しているところです。

東アジアの中で、日本はもっとも民主主義の成熟した国だと思われているようですが、果たして本当にそうなのでしょうか？　今、ボクは「再審法改正をめざす市民の会」の共同代表の一人となりました。日本の再審法は簡単に言ってしまえば「再審はできます」と書かれているだけで、その手続きについてはほとんど決められていません。東アジアの若者たちは、この日本の現状についてどう考えるでしょうか。

改めて、今回の映画ワークショップ、シンポジウムの実現に携わってくださった皆さんに心よりお礼申し上げます。また会いましょう。再見。

第2部
東アジアの大学教員は
『それでもボクはやってない』をどう観せたか？

台湾
あなたは「十人の真犯人を逃すとも、一人 の無辜を罰するなかれ」に賛成ですか？

徐筱菁／山﨑直也訳

人権教育の重要性　　人権教育の実施方法と過程　　教授法の検討　　教 育効果の検討　　反省点と改善に向けての計画　　おわりに

中国
活ける正義──映画を通して法を講じる

張万洪／石塚迅訳

映画を用いて法を講じることの実践　　映画の法学教育に対する作 用　　中国の学生は『それでもボクはやってない』をどう観たか？

第3部
東アジアの大学生は
『それでもボクはやってない』をどう観たか？

はじめに　　学生の属性　　法律に対する認識　　市民の行動、冤罪に対する考え方

裁判の様子に衝撃を受けた　　科学的証拠ですら潔白を証明できないとは　　法曹三者の「密接さ」を感じた　　司法制度に正義は存在するのか　　金子徹平のキャラクター設定　　なぜ痴漢冤罪事件を取り上げたのか　　痴漢のシーンを冒頭に持ってきた意図　　実際のモデルがいる目撃証人　　裁判官が途中で変わるショック　　「十人の真犯人を逃すとも、一人の無辜を罰するなかれ」　　これからも司法を題材に撮りたい　　法律の間違った運用をもたらす「解釈」　　「無罪推定」は各地で貫

徹されているのか　　メディアと司法の関係　　裁くことのみで状況を
改善しようとするから冤罪が生まれるのではないか　　市民の司法参加
について　　法曹一元を目指すべきではないのか

エピローグ
市民へ

石塚迅／山﨑直也

※　執筆者がつけた注釈は文末注（ⅰ、ⅱ、ⅲ……）、編者がつけた説明のための注は脚注（1、
2、3……）として付してあります。
※　本文中の執筆者・発言者の所属は、2016年1月のシンポジウム当時のものです。

映画『それでもボクはやってない』とは

【概要】 2007年1月に公開された、痴漢冤罪事件を題材に日本の刑事司法のあり方を鋭く問うた社会派映画。監督は、『シコふんじゃった。』(1992年)、『Shall we ダンス?』(1996年)を手がけた周防正行。2007年度の『キネマ旬報』の日本映画部門の1位に選ばれた。

【物語】 フリーターの金子徹平(加瀬亮)は、就職活動中に面接に向かう満員電車の中で、痴漢行為を行ったと、被害者の女子中学生に現行犯逮捕される。当番弁護士は、刑事裁判の過酷さを説き無実の罪を認めて示談で済ませるように勧めるが、金子はこれを拒む。担当の警察官も副検事も、金子の言い分に耳を傾けてはくれず、強圧的な取調べがなされる。母の豊子(もたいまさこ)と友人の達雄(山本耕史)は、金子の無実を信じて元裁判官の荒川正義弁護士(役所広司)と性犯罪被害者保護に取り組む若い須藤莉子弁護士(瀬戸朝香)に弁護を依頼する。逮捕・勾留による3週間の留置所での身体拘束と取調べの後、結局、事件は裁判所に起訴されることになり、金子は、迷惑防止条例違反の罪の被告人となる。

　当初の大森裁判官(正名僕蔵)は、「無罪推定の原則」に基づき公平な裁判を心がけて審理を進めていたが、途中で、裁判官が交代する。代わった室山裁判官(小日向文世)の官僚的な対応にいらつき、彼の検察寄りの心証に不安を覚える金子。それでも、証拠調べ、証人尋問といった公判審理の中で、荒川・須藤両弁護人は、検察側の主張の問題点・矛盾点を鋭く指摘していく。さらに、結審間際になって、事件の目撃者の女性が名乗り出て、金子に有利な証言をしてくれる。

　そして、迎えた判決の言い渡しの時。「被告人を懲役3月(さんげつ)に処する」。無情にも金子に言い渡されたのは、有罪判決であった。裁判の現実を理解した金子は、闘いを続ける決意を表明する。「それでもボクはやってない」。

(参考:野田進ほか編『新シネマで法学』〔有斐閣、2014年〕)

プロローグ

東アジアの市民教育とナショナリズム

阿古智子

「中国」をめぐるアイデンティティとナショナリズムの研究

　教育学や社会学の分野では、グローバル化を視野に入れた市民教育やナショナリズムに関する理論・実践的研究が幅広く行われています。そうした潮流を整理したバンクス (J. Banks (2009) The Routledge International Companion to Multicultural Education) によると、1960年代から1990年代にかけて、欧米でより多文化的かつ国家や民族を超えた「市民」の概念や市民教育が発展しましたが、近年、テロ、移民問題、グローバル化への批判、世界的な不況などの影響を受けてナショナリズムへの過度な傾倒が生じた結果、「社会の結束」(social cohesion) を呼び掛けるような理論研究や実践も見られるといいます。

　また、IEA (The International Association for the Evaluation of Educational Achievement) は1990年代から2000年代にかけて、民主主義国における市民の知識と技能をナショナル・ローカルな市民権との関連で調査し、国際的な比較を可能にしましたが (J. Torney-Purta, R. Lehmann, H. Oswald, and W. Schulz (2001) Citizenship and Education in Twenty Eight Countriesを参照)、中国のような政治・経済面において転換期にある国に特化した研究は十分にはなされていません。

　中国では伝統的に「公」の範囲が儒教文化や伝統的な皇帝や官（役人）との関わりから規定され、20世紀の西側の政治思想に影響を受ける中で「公民」や「国民」の概念が発達しました。中国共産党の政権下で社会主義の「人民」の概念が広まり、社会主義市場経済の進展に伴い、私営企業家に

も党員資格を与える「三つの代表」重要思想が導入されましたが、支配階級である「人民」（労働者階級と農民の労農同盟）が敵対階級（資本家階級）に対して独裁を加え、支配階級内部で民主を実行するという、憲法第1条「人民民主主義独裁」に変更はありません。

こうした「革命的市民権」が権力の基盤を支える状況は中華民国期から現在まで続いており、中国の状況を西側の"citizenship"の概念では分析出来ないという議論も根強いのです。しかし、エリート層のみならず、農民、労働者、少数民族、強制立ち退きや環境問題などの被害者といった「社会的弱者」が公民権や社会権を求める動きが中国においても加速しており（V. Fong and R. Murphy（2006）Chinese Citizenship: Views from the Margins）、国家権力から一定の距離を置こうとする「民間」の人々や組織の言論、社会活動が注目を浴びています。さらに、学界やインターネットの論壇でも市民社会に関する議論は盛り上がりを見せています。

私たちは2013年度より2015年度まで、日本学術振興会科学研究費補助金を得て、中国の伝統と変化の間に生きる人々のアイデンティティおよびナショナリズムについて研究しました。「中国」のアイデンティティの形成が国境を行き来する「クロスボーダーな」現象であることを考慮し、香港、台湾などの中華圏を研究の対象に含めたほか、教育学、社会学、政治学、歴史学、法学など、さまざまな分野の研究者が研究に参加していることも、この研究の特筆すべき点だと考えています。

私たちはこの研究を通して、より開かれた国際関係と市民教育を展望するために重要な概念や要素を見出し、外交・教育・国際交流に関わる政策への示唆を提示することを目指しました。愛国主義や民族主義が高まる中国は「理解しにくい国」「異質な国」というイメージがあり、欧米諸国のように民主的市民社会の質的充実をはかるための「市民教育」が盛んではないこともあって、比較研究の対象から外されることが少なくあり

1 　中国共産党が、中国の①先進的生産力の発展の要求、②先進的文化の前進の方向、③最も広範な人民の根本的利益、を代表するという理論。2000年2月に江沢民国家主席・共産党総書記（当時）が提起し、その後、2002年11月の共産党第16回全国代表大会において共産党規約に、さらに、2004年3月の憲法部分改正において憲法前文に、それぞれ書き加えられた。

ません。しかし、民主主義国家の教育においても政治との関係を完全に切り離すことは不可能であり、グローバル化によって人間の学びや価値形成が国境を越えて行われていること、世界的な不況や貧富の格差の拡大で民主主義の危機が叫ばれていることを考えれば、政治体制の差異に関わらず市民教育に関する共通課題を見出すことは可能であると考えました。

具体的にどう研究するのか

　中国や中華圏の人々を対象にナショナリズムやアイデンティティを研究するといっても、具体的に何をどう見ればよいのでしょうか。私たちはまず、研究の方法として、(1)教科書や政策文書などの資料および史料の分析、(2)さまざまな活動に対する参与観察やインタビューなどを含む質的調査を中心としようと考えました。日本および海外の研究メンバーが、中学・高校における公民、歴史、国語といった科目がどのように教えられてきたかを、教科書や学習指導要領、各自治体や学校の取り組みを通して分析しました。そのほか、学校の課外活動、家庭での親子や親戚との交流、地域活動やボランティア活動、NGOの企画する人権学習プログラムなどへの参加状況、デモや抗議活動、陳情行動を通じた自己表現、サイバー空間における言説にも着目し、研究者がそれぞれテーマを設定し、研究を続けてきました。

　資料を分析するにしても、参与観察やインタビューをするにしても、私たちは、それぞれ設定したテーマにおける研究対象について、以下の4項目を統一的に考察することにしました。

1　「自己」と「他者」の範囲
2　国家・集団への服従・不服従および積極的・消極的な参加
3　ナショナルプライドと自国中心主義の表現
4　グローバル社会、地域社会、国際社会、国家、文化、民族などに関わるアイデンティティの形成とその相互関係

人はみな、複雑な国際的・国内的コンテクストの中でアイデンティティを育んでいます。研究対象となる学生は、学校、家庭、地域コミュニティ、サイバー空間、国家、グローバル社会の中でそれぞれ自己（我々：in-group）と他者（彼ら：out-group）の範囲をどのようにとらえているのでしょうか。また、彼らの意識や行動において、ナショナルプライド（national pride）や自国中心主義（ethnocentrism）はどのように表れているのでしょうか。そして、グローバル社会、地域社会、国際社会、国家、文化、民族などに関わるアイデンティティはどのように形成され、それらはどのように相互に関わっているのでしょうか。欧米の市民教育プログラムにおいて注目されている「行動的シティズンシップ」（active citizenship：権利を主張するだけでなく、積極的に役割や責任を果たす中で国家や特定の集団のメンバーシップを得るという考え方）や「市民的不服従」（civil disobedience：非暴力的手段を通じて、法律・政府・支配的権力による要請・命令に従うことを積極的に拒否すること）といった観点は、儒教文化の影響を受ける中国および中華圏の若者の価値観や態度に表れているのでしょうか。そうした欧米で発達した概念をもって、中国・中華圏の状況を分析するのは適切であるのでしょうか。それとも、他にもっとよい分析枠組みがあるのでしょうか。中国大陸、香港、台湾の人々の行動や意識の特徴には、どのような相似点と相違点があるのでしょうか。これらの問いを持ち、実地調査と資料収集を進めました。

映画ワークショップの展開

本研究では当初、各研究者がそれぞれテーマを設定して研究を進めるだけでなく、合同でアンケート調査や授業観察を行う準備も進めていました。どのような切り口で、どのような学生を対象に行うのか、私たちは何度も話し合い、学校と交渉し、試験的に実地調査を行いました。しかし近年、特に中国大陸において政治的引き締めが強化されていることもあり、学校に入り込んでの授業観察や継続的なインタビュー調査は、

なかなか実現の見通しが立ちませんでした。私たちは試行錯誤と議論を重ね、最終的に、法学教育を通じてアイデンティティとナショナリズムの問題に接近することにしました。

　法学教育といっても、テーマが大きすぎます。ならば、一つの映画を通して学生の法意識を探ろうということになり、痴漢冤罪事件を題材に刑事司法のあり方に疑問を投げかけた映画『それでもボクはやってない』（2007年）を使い、映画ワークショップを行うことになりました。大学生（一部、大学院生も含む）に、教員のファシリテーションに従って映画について議論してもらい、その様子をビデオと録音テープに収めました。どのような学生が参加しているのかを把握するため、学生には自分の家庭環境や学歴、法や政治参加に対する考え方について、簡単なアンケート調査に回答してもらいました。また、同じ儒教文化圏のコンテクストで比較を行うという考えもあり、日本の山梨大学でもワークショップを行いました。中国大陸で76人、台湾で80人、香港で51人、日本で39人の学生が参加しました。

　2016年1月10日には東京大学駒場キャンパスで市民公開・国際シンポジウム「映画『それでもボクはやってない』海を渡る―東アジアの法教育と大学生の法意識―」を開催し、この映画ワークショップを通して見出したことを、中国、台湾、香港、日本の研究者、教育者、学生がそれぞれ報告しました。

国境を越えた市民社会を展望

　痴漢の容疑で逮捕された映画の主人公・金子徹平のように、あたりまえのように享受していた自由が、ある日突然、奪われることがあるかもしれません。金子は、警察や司法と自分が直接関わることなど、夢にも思っていなかったでしょう。金子の直面した問題は、誰にでも起こり得ることです。国家は、常に市民を守る存在であるとは限りません。時に権力が適切に制御されず、市民の権利を侵してしまうこともあります。そしてそれは、自分の国だけの問題ではありません。グローバル化が進み、

移動やコミュニケーションが海を越えるようになった今、海外で、自分が、あるいは友人が、警察や司法機関に不当に扱われるということも、そう珍しくなくなっています。

宗教や文化的背景、政治システムの異なる国々や地域の間で、立法に対する考え方や、法の執行・遵守を広めるための手法に、差異が生じることは少なくありません。しかし、法によって人間の権利を守り、人間の義務を規定することは全世界に共通する普遍的な課題であり、さらに、国を越えた人権保障のメカニズムの構築なくして平和を実現することは不可能です。国家権力の濫用を阻止し、少数者の権利を守るために、民主主義は立憲主義との緊張関係の下に追求されるべきでしょう。

本研究が始まる前の年の2012年、中国では、領土問題に端を発する反日デモにさまざまな年齢・社会階層の人々が参加しました。自主的に参加した人も、動員に応じて参加した人もいるとみられますが、いずれにしても、私たちは中国の人々のアイデンティティとナショナリズムの在り様を的確にとらえることが、いわゆる「チャイナリスク」を軽減し、将来に向けて友好的な日中関係を構築することにつながると考えます。また、香港や台湾の華人を研究対象に含めることで、政治体制や社会構造がアイデンティティの形成に与える影響を浮かび上がらせることを目指しました。こうした作業を通じて見出した「中国」をめぐるアイデンティティとナショナリズムに関わる概念や要素は、外交、教育、国際交流などにおける政策の立案や評価に活用できるかもしれません。より開かれた国際関係と市民教育を展望するための、政策インプリケーションを導くことが可能になるかもしれません。

香港の雨傘運動、台湾のひまわり学生運動などに見られるように、東アジアでは草の根の民主化推進を求める声が高まっています。政治への無関心が顕著だと言われる日本でも、安保法制、原発、沖縄、歴史問題などに関するデモや活動が注目されています。また、2009年に裁判員制度が始まり、2016年に選挙権年齢が18歳に引き下げられたこともあり、法や政治を教育の場でどう教えるかについて、幅広い議論が求められています。本研究チームのメンバーは2015年11月、ドイツ視察の機会を得

て、当地の高校や大学を訪れました。そこでは、「暗記型」ではなく、「考え、議論する」教育が幅広く行われていました。また、障碍の有無や宗教、民族の差異に関わらず、誰もが地域の学校で学べるように工夫されたインクルーシブ教育の実践にも触れることができました。かつて民主主義から独裁者を生み出したことへの深い反省から、ドイツは戦後、教育改革に力を入れ、学生の政治的判断力を育てる教育を推進してきました。

　ドイツでは1972年に選挙権年齢が18歳に引き下げられ、1976年に政治的中立を保った政治教育の実現に向けて、(1)教師の意見が生徒の判断を圧倒してはならない、(2)政治的論争のある話題は論争のあるものとして扱う、(3)学生の自分の関心・利害に基づいた政治参加能力を獲得させるという「政治教育三原則」(ボイステルバッハ・コンセンサス) が導入されました。

　知識偏重の傾向が強い東アジアの教育において、ドイツのような国の経験は非常に参考になります。学生が身近な問題を通して、当事者意識を持ちながら司法や政治について考え、自分の関心に応じて政治に参加できるように、また、偏狭な国益意識や排外的なナショナリズムに縛られず、国境を越えた市民社会の形成を展望できるように、教育を改革することが重要です。その歩みを一歩進められるよう、本研究が基礎的な成果を示すことができればと考えています。

第1部

日本の刑事司法、中国の刑事司法

シンポジウムの様子

日本の刑事司法、
中国の刑事司法

周防正行（映画監督）
張万洪（中国・武漢大学教員）
司会　石塚迅（山梨大学教員）

登壇者紹介

石塚　今、みなさんにご覧になっていただいたのが、映画『それでもボクはやってない』の予告編になります。ちょうど今から9年前の2007年1月に封切りになって、その年の日本の映画賞の多くを受賞しました。

　それではこれから、第1セッションに入りたいと思います。山梨大学の石塚迅が司会を務めさせていただきます。第1セッションのテーマは、「日本の刑事司法、中国の刑事司法」というものを当初予定しておりました。ところが、周防さんの対談の相手として登壇されるはずでした中国の胡貴雲弁護士が、昨日、北京空港で中国当局に出国を認められず来日がかないませんでした。私たちにとってはとても残念なことで、登壇者の変更という少しイレギュラーな形になりましたけれども、テーマ自体は変更せずこのまま進めたいと思います。まず、周防さんと張万洪先生に対談していただいた後、残り時間の許す限り、会場からの質問・コメントを受けつけたいと思います。

　今さら詳しい紹介は必要ないとも思うのですが、周防正行さんをご紹介させていただきます。著名な映画監督で、代表作に『シコふんじゃった。』(1991年)、『Shall We ダンス？』(1996年)、『終の信託』(2012年)、『舞妓はレディ』(2014年) 等々がございます。喜劇映画の監督ということでファンの方も多いんじゃないでしょうか。周防さんは、2011年6月から

約3年にわたって、法務省の「法制審議会・新時代の刑事司法制度特別部会[1]」の委員もお務めになりました。そこでのご苦労・苦闘につきましては、『それでもボクは会議で闘う——ドキュメント刑事司法改革』(岩波書店、2015年) という本に、まとめられました。今回、シンポジウムを準備するにあたり、私たちは、周防さんに「何とかご登壇をお願いできないでしょうか」とダメでもともとでお声かけをしたところ、周防さんからシンポへの出席をご快諾いただきました。周防さん、本当にどうもありがとうございました。それでは、周防さん、最初に一言お願いできますか。

周防 はい、周防です。今日はよろしくお願いいたします。今回、『それでもボクはやってない』という映画が、東アジアでこういう形で学生の方々に見ていただくことができて、なおかつ、その映画で描かれた司法制度について話を深められてきたとのことで、本当にありがたく思います。僕の映画にかかわらず、映画のもつ役割、といいますか影響力のようなものをあらためて感じました。今日は、僕がこの映画について考えてきたこと、また実際の司法制度改革にも少しですけど携わることができましたので、なるべく分かりやすい言葉で日本の司法制度についてお話ししようと思っています。

石塚 周防さん、どうぞよろしくお願いします。
　対談の相手に予定していました胡貴雲弁護士は、日本と同様に企業弁護士がほとんどである中国の中で、刑事訴訟や行政訴訟を数多く手がけ、刑事被告人の人権保障や市民の権利擁護に強い関心をもつ弁護士の一人です。中国では、こうした弁護士は「維権律師」と呼ばれます。政府当局というのは、どの時代のどの地域であっても、市民の台頭や連帯を警戒するものです。

1　村木厚子厚生労働省局長 (当時) の冤罪事件 (郵便不正事件) (本書第3部座談会注1参照) をきっかけに、2011年6月に法務省に設けられた。取調べの録音・録画 (可視化)、被疑者・被告人の身体拘束、証拠開示、司法取引、通信傍受、犯罪被害者・証人の保護等について審議を行い、2014年7月に答申案を承認した。同案の法務大臣への答申を受けて、刑事訴訟法の改正案が国会に提出され、2016年5月、『刑事訴訟法等の一部を改正する法律』が可決成立した。

私たちは、昨晩のアクシデントを知った際に、胡弁護士の代役は張万洪先生しかいないと考えました。張万洪先生は、もともと、この後の第2セッションの「東アジアの大学教員は『それでもボクはやってない』をどう観せたか？」で登壇される予定でした。武漢大学法学院で教鞭をとられ、法理学、憲法、人権教育をご専門にしていらっしゃいます。張先生自身、胡弁護士とも個人的な交流があり、さまざまな人権運動・社会運動にも携わっておられます。

張万洪　みなさん、こんにちは。残念ながら私は日本語が話せないので、中国語で失礼します。司会の方からご紹介いただきました張万洪と申します。武漢大学法学院の教員です。武漢大学は、中国の湖北省武漢市にあります。長江のほとりのとてもきれいな街です。私は、そこで法理学と人権法を教えています。法理学は、法哲学とも呼ばれ、主に法の基礎理論を扱います。武漢大学は、中国大陸ではめずらしく、人権法の授業を開設している大学です。

　本日、ここに来ることができて、大変うれしく思います。また、胡弁護士が参加できなかったことは残念でしたが、そのために、幸いにも、このセッションで周防監督と対話し、いろいろ学ぶ機会を与えられました。

　今回の映画ワークショップで学生たちにこの映画を鑑賞させた際に、私も初めてこの映画を観ました。その時、とても衝撃を受けました。第2セッションの中でもお話しできると思いますが、ここで簡単に映画を観た感想を述べたいと思います。この映画は、非常に精緻に日本の刑事司法の問題状況を描き出していると感じました。私や私の学生たちにとっても、とても示唆に富む内容でした。その中で、私が最も印象深かったのは、事件の中での、主人公・金子徹平個人の心の成長です。彼は、映画の初めの頃はびくびくして緊張している感じでしたが、公判の結審の陳述の時にはりりしく堂々と振る舞っていました。彼のこのような内心の成長の過程は、私をとても感動させるものでした。そして、これは、法律を学び、人権を学ぶにあたって、映画を観ることを通じての私たち自身の成長でもあったわけです。

裁判は「真実」を明らかにする場ではない

石塚 金子徹平の心の成長みたいな話を張先生が出してくださいました
けれども、周防さん、このあたりは意識されていたんでしょうか。

周防 いや、そういう意識はなかったんですけど、金子徹平を演じた加
瀬亮さんには、撮影前に、「この映画の主人公は裁判だから」と話したん
ですね。で、最後に、金子徹平は心の中で裁判官に向かって、「私はあな
たを裁くことができる」という風に言うんですけど、裁判を経験する中で、
この映画の主人公だけではなくて、実際に痴漢事件で裁かれている人の
多くもそうだったんですけど、一審終わったところで「あ、こういうこ
とだったんだ」ってわかって、二審を主体的に闘うようになるんですね。
これは、一審段階では最後は裁判官がわかってくれるという思いが強い
んです。なぜなら、自分が無実であることは自分が一番よく知っている
ので、かならず無実が明らかになると裁判官を信じているんです。とこ
ろが、ほとんどの場合、一審で見事に裏切られるんです。その時初めて
現実の裁判に目覚めて、自分が主体的に裁判に関わらなければ負けると
思い知るんです。だから、この映画の主人公も、一審でいろいろな経験
をして、最後に裁判官に有罪って言われた瞬間に、たぶん、それまでの
自分とは違う自分になったんです。覚悟、というものが芽生えたのかも
しれません。主人公は裁判を経験すれば必然的に成長せざるをえないと
思っていたので、あえて、主人公の成長のドラマを描こうとは考えてい
なかったんです。最初に言ったように、裁判が主役です。裁判に関わる
ことによって、いろんな人がどのような反応をしていくのか、そのこと
だけを考えて作りました。

石塚 人が人を裁くということ、ですよね。映画の一番最後の場面はと
ても象徴的です。裁判というのは、絶対的な真実を明らかにする場所で
はなくて、今ある証拠でとりあえず何かを判断する場所にすぎない、そ

して、ボクはとりあえず有罪になった、というような印象的なセリフがあります。裁判は真実を明らかにするところだと、普通の人は、私の授業を受けている大学生なんかもですが、そう思っています。実はそうではないということなのでしょうか。

周防　この最後の法廷での言葉を、もしかしたらマイナス方向で受け取る人、要するに、裁判というのは、とりあえず集められた証拠によってその人が有罪であるか無罪であるかを決める場所なんだということを、何か絶望的な言葉として聞く人もいるかもしれないけれども、それはそうではなくて肯定的な意味で、「裁判」とはそういうものだと思うんです。裁判は、客観的な証拠をもとに被告人が有罪であるか無罪であるかを決める場所にすぎなくて、物事の真相、僕たちが言うところの「真実」ですよね、それを明らかにする場所ではない。そのことは、法律の世界の人はよくわかっているんですよ。法律の世界の真実は、「実体的真実」のことであり、神の目からみた「絶対的真実」とは違うんです。人間にはたして「絶対的真実」を解明できるのかといえば、それはできないですよね。その事件の現場にいなかった人たち、つまり検察官や弁護士が証拠を集め、関係者の証言を引き出しても、裁判官がこれこそ真実だという「絶対的真実」にたどり着けると思いますか。絶対的真実を明らかにする場所ではなくて、今ある法律に基づいて過去に何があったのかを追求して、こうであったのではないかという「事実認定」をして、法律に則り被告人に有罪か無罪かを言い渡す場所。裁判というのはそのレベルの真実、証拠をもとにこういったことがあったのではないかと推論する、つまり「実体的真実」を追求する場所であると。そのことを、多くの人たちは理解していないのではないかと思うんですね。裁判のいう真実と、僕たちが通常言葉にする「真相」や「真実」とは次元が違うんです。そのことに徹平は気づいたんですね。これは、たぶん、多くの日本人が、まあ僕も含めて、混同してしまうところではないでしょうか。たとえば、報道でも「またも真実は明らかにならなかった」って書かれることがよくありますけど、そうじゃなくて、集められた証拠によって、その人が真犯人であるのか

ないのかっていうことを、法律をもとに決める場所ですから。それが、主人公の最後の気づきであったってことを理解してもらいたいのですが、なかなかそれが難しい。

石塚　張先生、このあたりは中国ではどうなんでしょうか。もちろん、学者や知識人にとってということと、一般人や庶民にとってということとは、たぶんレベルが違うと思うんですけれども、中国の人にとって、「裁判」というのはどういう風に捉えられているのでしょうか。特に、「刑事裁判」についてです。

張万洪　周防監督のお話をうかがって、私は、周防監督は実はとても高名な法学教授ではないのか、と感じました。少なくとも、私が担当している法理学の授業は、私に代わって教えることができるでしょう。というのも、私は、法学部で学生たちに法学のイロハを教える際に、かならず、いわゆる「法的思考（法律思惟）」について講義するのです。つまり、客観的事実と法的事実とは区別しなければならない、と。たとえば、私が司会の方から１万円借りたとします。でも、彼は私に借用証の発行を求めませんでした。もし、借用証もなく証人もいないとしたら、しばらくたってから彼が私に１万円を返すよう要求してきても、私は断ることができるのです。ここでの客観的事実とは、私が彼に１万円借りたということですが、それでは、法的事実はどうでしょうか。彼は借用証をもっておらず証拠もなかったから、私は彼にお金を返さなくてもいいのか、それとも、彼は、私にお金を返すよう裁判所に請求できないだけなのか。多くの人は、こうした法的事実と客観的事実の区別を十分に理解できていません。私は、周防監督が、映画監督として、法学の真意、司法裁判の真意を的確に表現されたことにとても驚いています。

　映画では、金子徹平は、裁判を通じてこのことを理解することができました。借金の事例は民事の話です。民事の事例において、私たちは客観的事実と法的事実を区別することができます。刑事の事例でも同様です。金子徹平は、本当に電車の中で痴漢をしたのでしょうか。周防監督

がおっしゃるように、それは神のみぞ知る、です。たしかに、再現実験を通して、たとえば、腕が真後ろには抜けない等、痴漢行為をうまくできないことを示しはしました。でも、痴漢をしていないことを完全には証明できませんでした。

このことは、刑事事件の中での価値選択と価値判断の問題と関わります。過去の「文化大革命」の時、あるいは封建時代以来ずっと議論になってきた、いわゆる「3000の人を放しても、1人に無実の罪を着せてはならない」なのか、「3000の冤罪を作っても、1人を放してはならない」なのか、という話です。結局、どう選択するかは、価値選択、価値判断の問題となります。今日のタームに即していえば、「有罪推定」であるべきか、「無罪推定」であるべきか、ですね。現代の法制度、現代の司法では、私たちは一貫して「無罪推定」であるべきだと考えています。もし、ある人が有罪であると完全には証明できなかった時、彼は無罪であると仮定・推定するのです。

中華人民共和国の『刑事訴訟法』と『刑法』は、いずれも、「文化大革命」終了後の1979年に公布されました。中華人民共和国は1949年に建国されましたが、その後ずっと、刑法典も刑事訴訟法もなかったのです。「文化大革命」の時に用いられたのは、いわゆる「公安6条」[2]と呼ばれるものでした。1979年に鄧小平が混乱を鎮めて、ようやく、関連の法律の制定が始まったのです。1996年に『刑事訴訟法』が改正された際に、とうとう、「無罪推定」が『刑事訴訟法』に書き入れられました[3]。日本にも、法律の中にそうした規定があるかと思います。日本の法律には詳しくないのでわかりませんが……。ですが、法律に書き加えられても、それが、人々、とりわけ法を執行する人たちの心に深く根づくとは限りません。

中国では、人々は警察、公安に対して信頼を寄せています。「警察はどうして自由にあいつらを逮捕しないんだ？」「もし、あいつらが悪いこと

2　1967年1月に、中国共産党中央・国務院によって発布された『プロレタリア文化大革命における公安工作の強化に関する若干の規定』の俗称。その俗称のとおり、条文総数がわずか6カ条にすぎないこの法規が「文化大革命」の時期に猛威を振るい、無数の冤罪を生み出した。
3　1996年3月に大きく改正された中国『刑事訴訟法』の第12条は、「法律に基づく人民法院の判決をいまだ経ていない場合、何人に対しても有罪を確定してはならない」と規定している。

をしたらどうするんだ？」なんてことをいいます。このような考えは、実は有罪推定です。司会の方の問いへの回答はこうなります。法律レベルでは「無罪推定」が規定されているが、現実には、法執行の人たち、一般大衆を含めて、なお、「有罪推定」の思想が存在しているといえます。たとえば、法執行の人たちが「訪問」してきたら、調査をしたら、とてもよくないイメージが生まれます。「あいつのところに警察が来たぞ」というのはよくないことなのです。

日本の裁判の現状を伝え、不信感をもってほしかった

石塚 今のお話に関連して、胡弁護士から、事前に次のようなコメントをいただいておりました。少し読み上げたいと思います。

「周防監督が、映画の中で、前半部分において観衆へ印象づけたのは、法的正義を実現するための努力であった。それはすなわち、最後には裁判所はかならずや金子を無罪にするというものである。このようにして初めて、観衆に、法律は信じるに値するものであり公正を実現しうるものであるという共鳴を得させることができるからである。しかしながら、後半部分において裁判官が交代してから、基調は変化する。映画の結末は観衆に残念な気持ちを残した。弁護士と金子、金子の母親、友人たちはあれほど努力したのに、金子は結局のところ有罪となった。このような結末は、観衆にマイナスの影響をもたらしたのではないか。私は、周防監督がこの点をどのように考えていたのかを知りたい」という内容です。

　先ほど周防さんはですね、「『裁判の現実・現状はこうである』と客観的に述べただけだ」とおっしゃっていましたけれども、また、それは私もそうだと思うんですけれども、「この映画を観た人の間で、裁判への不信を高めることになるんじゃないか」、胡弁護士からそういう趣旨の疑問が示されています。そのあたりについては、周防さん、いかがでしょうか。

周防 まさに裁判への不信を高めたかったので、そうしました (笑)。金子徹平が実は真犯人であるかどうか、いわゆる普通のドラマであれば、

彼は無実であるという前提があって弁護活動をし、最後に、たとえば真犯人が登場することで、無罪判決が出るとか、まあそういう風になるんですけども、実はこの映画の中で金子徹平が本当に痴漢をやったかやってないかは描いていない、つまりわからないんです。要するに、彼のその時間帯の行為そのものを僕は神の目線で撮ってないんです。捕まった後の話しかない。で、彼が語ったことが映像として出るけど、それは真実でなくて、彼が語ったことの説明でしかない。多くの人はこの金子徹平の言い分にまったく耳を貸そうとしない警察官や検事の態度に腹を立て、徹平に感情移入するのはわかるんです。で、本人や弁護士、支援者の活躍で徹平が無罪になると、やっぱり正義は実現されたと、多くの観客は思うでしょう。そこで捜査機関や裁判所への怒りも解消され、気持ちよく映画館を出てしまう。日本の裁判は捨てたもんじゃないなって、裁判所は人権を守る最後の砦なんだって、そういう幻想を抱いたまま帰られてしまっては困るので、そういう幻想を捨てて、現実の日本の裁判に目を開いて、裁判を注意深くみていってほしいなと思ったので、まさに、裁判に不信をもっていただきたいから、ああいう結末にしましたし、それが紛れもない日本の裁判の現実なんです。多くの弁護士がこの映画を観た後に、自分の過去を振り返って、非常に落ちこむそうです。ある弁護士さんは母親と一緒に映画を観た後、母親に「お前はあんな仕事をしているのか」とがっかりされ、非常に不評だったという。それくらい普段刑事弁護をよくやっている弁護士さんも、自分が日々感じている絶望を、この映画によって決定づけられて、より落ちこんで帰ると。まあだから、これが日本の裁判の現状ですというのが、ほんとに伝えたかったことなんです。

日本の刑事裁判をめぐる3つの疑問

石塚　胡弁護士に今の周防さんのお話を伝えたいと思います。
　そういった絶望の裁判所・刑事司法をどうにかしようということで、周防さんは少し前から法務省の法制審議会の委員としてご活動されてき

ました。『それでもボクは会議で闘う』の中では、周防さんは特に3つの論点に注目して記述されておりました。1つめは、取調べの全面可視化。すなわち、取調べ全過程の録音・録画ですね。2つめは、証拠の全面開示。現在は、検察官が手持ちの証拠を取捨選択して刑事裁判の中で法廷に提出してきます。3つめは、「しゃべらないと釈放しないよ」という「人質司法」の改善ですね。そのあたりについて、周防さん、もう少し補足していただけないでしょうか。

周防 一応3つに絞ったんですけど、それぞれ全部、僕が映画を作る時に、刑事裁判を取材して疑問に思ったことです。取材を始めてすぐ、えっ、証拠って全部を見ることはできないの？って素朴に驚きました。困ったことに今はそんなに驚いてないんです。それが当たり前になっている日本のやり方に自分自身が慣れて来てしまったのですけど。弁護側が、検察官の手持ち証拠をすべて見ることはできないということに本当に驚きました。裁判は、少なくとも、すべての証拠にあたって結論を出しているものだ、と勝手に思っていたので、それはちょっとショックでした。

あともう一つ、調書にも驚きました。調書って、一人称独白体で書かれています。要するに、被疑者が、私はこういうことをしました、こういう風に思っていました、と全部一人称で書いてあるんです。でも、それは、全部取調官が被疑者に成り代わって書いているんです。被疑者から聞いた言葉をアレンジしながら、被疑者本人の言葉であるとして、取調官が作文をしているんですね。

で、驚いたのは、そうして、被疑者がしゃべったとされる言葉で作られた調書の一言一句について、語尾がこうなっているからこういうのはこういうことだとか、いや、そういう風には言っていない、という争いが裁判で生じているんです（笑）。ちょっと待ってください、被疑者が自分で書いたわけではないんですね。取調官が被疑者から聞いた言葉を、取調官が自分でまとめているわけですよ。にもかかわらず、法廷で一言一句が争われているって、もう喜劇かと思いました。なんてばかばかしいことをやっているんだろう。で、実際に、密室での取調べの争いとい

うのはすごく多いんです。日本の裁判は長引くとよく言われますが、その多くが、調書に書かれていることに任意性があるのか信用性があるのか、そこの争いになって、取調官が法廷に出て来て、質問に答えて、これはまさしく被疑者が語ったことをそのまま書きました、強要も威迫もありません、というようなことを証言するわけです。その証言をもとに、裁判官が、確かに被疑者が正直に語ったことをまとめた調書で、被疑者も認めてサインしている、嘘はない、と判断を下す。こんなことを繰り返してきたのが日本の裁判です。なんでこんなばかばかしいことをやっているんだろう、これが、最初に強く思った疑問です。

　多くの場合、裁判で、被告人が有罪になるような立派な調書を作ることが、取調官にとっての仕事となるので、がんばって、有罪が取れる調書を、自分たちが考えた事件のストーリーに沿って作文する。事実は何かというより、自分たちが考える物語を表現しているので、非常に捜査官よりのものになるんです。これはいくら何でもおかしいだろう、と、僕が被疑者だったら、そういう書き方するんだったら、自分で書くっていうぐらいのことだと思うんですけど。

　でこれ、ちょっと余談なんですけど、なんでそんな調書を作るんだって検察官の人に尋ねたんです。そしたら、被疑者は知的レベルの低い人が多くて、彼らが言ったことをそのまま書いていたらわけがわからなくなるので、私たちは、裁判官に伝わる言葉に書き直しているんです、って言うんですね。もう、ここからしてさっき言った、たとえば、真相を解明する、真実を追求するっていうことについて、客観的とは言いがたい視点が入ってしまうってことで、真相解明というより、自分たちにとってわかりやすい事件にする、自分たちの考える犯人像を作るっていう、それが彼らの調書なんだと思います。まさに、取調べを客観的なものにするために、取調べの全過程を録音・録画することは必要だと思いました。

　で、もう一つ、「人質司法」ですが、特に軽微な事件でよくあるんですけど、今ここで認めれば、罰金で出られるぞと。まあ、これを利益誘導と言っていいのかわからないんですけど、このまま裁判して、無実を争えば1年は最低かかるよと、会社にも行けないよと。ですから、軽微な

事件については、僕たちが考えている以上に冤罪は多いんじゃないか。痴漢事件だけに限りません。否認すれば勾留が続くっていう現実が確かにあります。痴漢事件ではずいぶん勾留しなくなりましたって、裁判官が偉そうに言ってましたが（笑）、じゃあ、前はやっぱり勾留してたんだなと、その時は思いましたけども。とりあえず否認してるってことは、罪証隠滅だったり逃亡の恐れがあるってことで、まあ勾留は続くと。こんなバカな話はないんじゃないか。

　というわけで、僕が、取材の過程で、法律のまったくの素人として驚いたこと、それがその３点でした。でも、実はこの３点って、素人の驚きでしたけども、非常に大きな問題だと思います。今の日本の刑事司法制度についての根源的な問題だと思うので、会議でもそのことを強く主張しました。

中国の刑事司法をめぐる2つの問題

石塚　張先生、中国では、日本よりもさらに、公安であるとか検察であるとかの権限が強いというイメージを会場の多くの方がおもちだと思います。中国の刑事司法のここが変だよ、変なところいっぱいあると思いますが……、一点二点くらい紹介していただければと思うんですが、いかがでしょうか。

張万洪　中国でも、やはりおかしな点がたくさんあるように思います。時として、中国の現実は映画よりもリアルで、みなさんからするとにわかには信じられないようなこともあります。

　今、周防監督が「人質司法」について話をされました。私はこの映画を観て初めてこの言葉を知りました。中国大陸では、「人質司法」について議論することはありません。ですが、実際には、被疑者を「人質」として勾留したり、ひどい時には、彼らの家族を「人質」として脅迫するような現象がみられます。そうやって、被疑者に罪を認めるよう迫るのです。

　取調べの可視化、および検察官が収集した証拠の全面開示あるいはそ

れを弁護人側に引き渡すこと、これらは、中国の関連の法律の中にいずれも規定があります。[4] けれども、私が強調したいのは、法律に規定があっても、実際にそれが実現しているとは限らないということです。

　中国で最重要の問題は２つあります。１つめは、警察と検察にかかる圧力です。現在、中国は、ものすごく速いスピードで社会の転換期を迎えています。土地を失った農民やリストラされた労働者等、多くの社会問題を抱えています。言い換えれば、社会を不安定化させる要因がとても多いのです。こうした状況に対応するために、法を執行する人たちは、「命案必破」を要求されています。「命案必破」とは、「殺人事件は必ず解決せよ」というものです。人が殺されたのに殺人犯が野放しになっている、という状態は許されません。中国の警察・検察の擁する人的・物的資源、技術を総動員して、かならず事件を解決するよう求められるのです。先ほど、周防監督がおっしゃったように、もし、客観的真実を発見しようとすれば、それは、彼らに神と同じレベルを要求することになってしまいます。時が経って事情が変わることもあるでしょう。結局、犯人を見つけられなかったとしたら、どうしますか。多くの場合、スケープゴートをつれてくるのです。つまり、この犯罪を犯した可能性が最も高い人を捕らえて、拷問にかけてやってもいない罪を認めさせるわけです。そして、一般大衆も、容疑者を絶対に捕まえてほしい、それで安心を得たいと思っています。警察は、そうした要求に応えなければならないのです。こうした強い圧力の下で、大量の冤罪が発生してしまうのです。取調べの可視化や証拠の公開・引き渡しは法律上必要とされていますが、「殺人

---

4 取調べ可視化については、中国『刑事訴訟法』第123条が、「第１項：捜査員は、犯罪容疑者を取調べるにあたり、取調べの過程を録音しまたは録画することができる。無期懲役、死刑を科する可能性のある案件またはその他の重大な犯罪案件については、取調べの過程を録音または録画しなければならない。第２項：録音または録画は、取調べの全過程についてこれを行い、その完全性を保持しなければならない」と規定している。
　また、証拠開示については、第40条が、「弁護士である弁護人は、人民検察院が案件の起訴審査を開始した日から、当該案件の保存資料を閲覧・抄録、謄写することができる。その他の弁護人も、人民法院、人民検察院の許可を経て、上述の資料を閲覧・抄録・謄写することができる」と、第41条が「弁護人は、捜査、起訴審査の期間において、公安機関、人民検察院が収集した犯罪容疑者、被告人の無罪または軽い罪を証明する証拠資料が提出されていないと考える場合、人民検察院、人民法院に対してこれを取調べるよう請求することができる」とそれぞれ規定している。

事件は必ず解決せよ」という要請の下で、それらは、実際にはほとんど無視されてしまっています。

　もう一つ、注意してほしいのが、映画の中の裁判官が直面していた自らの勤務評価への圧力です。中国も同じなんです。たとえば、裁判官が無罪判決を出そうとしたら、彼は警察や検察からの圧力にさらされることになります。警察と検察はこの事件を立案し、裁判所へ公訴を提起した。それにもかかわらず、最後の最後で無罪判決が出されたら、警察と検察のメンツはどうなりますか。だから、裁判官はあえて無罪判決を出すようなことはしないのです。ただ、映画の中で、日本の有罪率は99.9％とされていましたが、中国ではそこまで高くはないはずです。

　さらに、中国の場合、もう一つ機関があります。中国共産党の「政法委員会」[5]と呼ばれるもので、ここが公安、検察、裁判所のすべての業務を統括しているのです。この政法委員会の書記は、近年、ようやく専任職となりましたが、かつて長い間、公安局の局長が兼任していました。ここでの問題は次のようなものです。つまり、公安は捜査を行い、証拠を検察院に送ります。検察は公訴を提起します。もし、裁判所が、公安が収集し提出してきた証拠を認めないとしたら……。それは、裁判所が自らの上級指導機関（公安局長が兼任する政法委員会書記）に挑戦することを意味するのです。実際、裁判所のこのような挑戦はきわめてまれです。ここ数年、「司法体制改革の深化」[6]に伴って、状況はかなりよくなりました。ですが、なお、体制上の、司法の権限分配上の障害があるのです。

石塚　張先生、ありがとうございます。興味深い話ばかりで、私自身もいろいろとうかがいたいことがあるのですが、それ以上にどんどん時間

5　中国共産党委員会の中で、政法機関（裁判所、検察、公安、司法行政機関）の業務を指導・監督する職能部門。中央、省、地区、県の4段階のクラスに設置される。組織と活動の実態には、不透明な部分が多い。司法の独立（裁判官の職権行使の独立）を阻害する最大の要因と指摘される。
6　近年、習近平指導部がたびたび強調しているスローガンの一つ。2014年10月に開催された中国共産党第18期中央委員会第4回全体会議では、「中共中央の法律に基づく国家統治を全面的に推進することに関する若干の重大問題についての決定」が採択された。司法の専門化・効率化を改革の中心課題に据える。

が過ぎていくことに焦りを感じております。このあたりで会場からの質問・コメントをまとめて受けつけて、一番最後に、張先生と周防さんにもう一度マイクをお回ししてまとめてコメントしてもらう、ということにしようと思います。

質疑応答

質問者1　台湾で裁判所職員をしております。映画や監督のご発言と同様の状況は台湾でもみられます。多くの国民は、警察に逮捕され検察に訴追された際には、裁判所が身の潔白を証明してくれると信じているのですが、いざ裁判所に来てみると、さまざまな手続きにおいて、よくわからないことに遭遇して、彼らの想像とはまったく異なる判決が下ることもあります。そして、裁判官は、審理の過程で、彼らの言うことを真剣に聴取してくれません。その結果、彼らは司法に対して信頼を喪失してしまうのです。ですので、上訴しようとしても、もしかするとそういう気にもならないという場合があるのかもしれません。このように、台湾でも日本と同じように、司法について幻想と現実との落差といったものがあると思うのです。

　もう一つ、映画を観てずっと気になっていた点があります。被疑者・被告人の金子徹平が調書をとられるのですが、その調書と裁判での実際の陳述が違っていました。こういう時、裁判官は、その疑念について調査しないのでしょうか。というのも、台湾では、被疑者・被告人の自白・陳述の任意性というものがとても重視されます。つまり、自らの犯罪を認めることは、自らの意思から出るものでなければならないということです。台湾では、以前に起こった一つの冤罪殺人事件の影響を受けて、取調べの際には全過程を録音しなければならなくなりました。法律にも規定されています。警察が被疑者・被告人の意思をねじ曲げたり誇張したりして自分たちに有利な作文をしないようにするためです。そして、この録音に関する法規定は、警察、検察、裁判所すべてのレベルにおいて適用されます。日本ではそのような制度はないのでしょうか。日本の

立法者はこの点を改善しようとは思っていないのでしょうか。

質問者2　張先生におうかがいしたいのですが、日本の刑事司法がもつすごく大きな問題として私が思っているのは、再審がなかなか認められないということです。特に、日本も中国も死刑制度がまだあるんですけれども、そういった、いったん間違ってしまうと人の生命を奪うような刑罰が問題となる事件においても、再審がなかなか認められないという問題があるんです。中国では、この再審に関してはどうなっているのでしょうか。

質問者3　張先生に、中国の状況について教えていただきたいんですが、私は北京に長くおりました。その時にちょうど検察官出身の同僚がおりました。たまたまですね、私の会社の事務所が盗難に遭ったんですよ。犯人は、すぐに、1週間くらいで捕まりまして、それから裁判とかそういう話になったんですけれども、その際に、検察に勤めていた同僚がいうには、犯人はすぐ自白するよと。どうしてだ、と私が聞いたら、普通はボコボコにされるんで、そういう盗難で捕まったような人はすぐ自白するから、みたいな話をしたんです。先ほど、中国でも推定無罪という考え方はあるのだが現実には推定有罪だ、というお話もありました。そういうことも含めて、やっぱり取調べ中に暴力を使ったりということは、まだ今でも行われているんでしょうか。教えていただければと思います。

質問者4　銀行員です。先ほど、張先生は、引用として日本の刑事裁判で有罪率が99.9％と発言されました。正確な数字という話ではなくて、おそらく私の認識では、99.9％とは日本の検察庁が起訴をした事案についての有罪率だと私は認識しているんですけれども、もしかしたら張先生のご発言の中国側のところはですね、そのような形での単純な比較ではないのかな、と。お話のニュアンスとしては、日本の方が、端的にいうと冤罪を生むというような、かなり強引な結論に達している可能性があるのかな、といったように聞こえたのですけれども、その辺の解釈に

ついて、もし正確にわかる方がいらっしゃいましたら、ご説明いただきたいと思います。

石塚 有罪率の計算方法ですか。

質問者4 計算方法というかですね、先ほどの中国の場合ですと、日本ほど、いわゆる起訴された事案の有罪率がそんなに高くないというようなご発言になっているのですが、単純に比較できるんでしょうか、といった話です。

石塚 まだまだ質問・コメントあると思いますが、時間が押し迫ってきております。張先生、周防さんの順番で、それぞれ、これまでの会場からの質問・コメントに対するお答え、あるいは張先生から周防さんのお話へのコメント、周防さんから張先生のお話へのコメントをお願いします。

張万洪 第2、第3、第4の質問が私に関わるものでした。

第2の質問ですが、中国の再審について、このように説明できると思います。原則として、中国の法律は二審終審制を規定しています。ですが、現実には、多くの方法で、一度閉じられたはずの案件を再び「開く」ことができるのです。

1つめの方法は、検察院は「抗訴」できるというものです。中国の検察院は、公訴を提起するだけでなく、法律監督の職能ももっています。もし、①上級の検察院が下級の裁判所の、②最高人民検察院が各レベルの裁判所の出した、すでに法的効力を有している、判決書、裁定書、仲裁書に、「確実な誤りがあること」を発見した時、検察院は監督権に基づいて「抗訴」を提起することができるのです。いったん、「抗訴」が提起されれば、たとえ、終審の案件であっても、再審が可能です。

2つめの方法は、裁判所自らが誤りを正すというメカニズムです。①原審の裁判所が第二審裁判所の、②上級の裁判所が下級の裁判所の、③最高裁判所が各レベルの裁判所の出した、すでに法的効力を有している、

判決書、裁定書、仲裁書に、「確実な誤りがあること」を発見した時、裁判監督手続きに基づいて、再審を行うことができます。

3つめの方法は、当事者自らの申請によるものです。もし、当事者が、裁判所の出した、すでに法的効力を有している、判決書、裁定書、仲裁書に誤りがあると確信した時、上級あるいは同級の裁判所に再審を申請することができます。

このほか、いわゆる「権力機関」、つまり「人民代表大会」ですが、ここも法律監督の職能をもっています。党の政法委員会等はいうまでもないでしょう。これら機関すべてが、案件をあらためて審理させる手段をもっているのです。

現在のところ、中国の学術界と実務界の見方は、再審の使用があまりに多すぎるのではないか、というものです。それは、裁判所の判決の既判力の維持や司法の権威の発揚にとってマイナスとなります。再審は「非常手続」なんです。それは、例外的な場合の救済にのみ用いるべきで、普通の救済手続きのように頻繁に発動するべきではないでしょう。私たちの世界でかつて言われてきた、「誤りがあれば必ず正せ（有錯必糾）」というフレーズは、現在では批判の対象になっています。この「誤り」とは、結局のところ、法的事実の話なのでしょうか、それとも客観的事実の話なのでしょうか。「誤りがあれば必ず正せ」を強調することは、100％の正確さを追求することにつながってしまいます。そうなると、案件を何度も蒸し返すことになりかねません。これは、司法資源の浪費だと思います。中国の古語に、「分を定め争いを止む（定分止争）[7]」というものがあります。当事者を法的紛争から解放してやり、二度と正誤の問題がまとわりつかないようにして、速やかに新しい生活を送らせてあげるようにしなければいけません。

第3の質問、拷問にかけて自白を強要するということが、今でも中国で行われているのかという質問ですが、政府が発表した公式な記録によ

7　中国で「各自の取り分（物権）を確定させて紛争を解決する」という意味あいで使われている慣用句で、法家の書物である『管子』の「七臣七主」篇の一節を出典とする。

れば、そうした自白の強要はすでに存在しないとのことです。また、私も警察や検察にたずねたことがありますが、彼らもみな、「今は、殴ったり眠らせなかったりというようなことはない。暴力はほとんど使わない」といいます。ですが、要は、「拷問にかけて自白を強要する」をどのように解釈するかです。たとえば、精神的なプレッシャーをかけることはどうでしょうか。拷問をかけて自白を強要することは、多かれ少なかれすべての国に存在する現象だと思います。ただ、客観的にみれば、中国では大幅に減少しました。

　第4の質問、中国と日本の有罪率の計算方法についてですが、これは私には回答することができません。異なった司法・法律の体系の下で計算方法も異なることだけは確かです。たとえば、私たちは、いつも、アメリカの犯罪率はとても高いといっています。ですが、これは、彼らが、中国では治安案件といわれる軽犯罪をも、犯罪率の算出に含めているからです。同一の事実について、異なったタームを用いて帰納しているのです。この問いについては、むしろ他の専門家からご教示いただきたいです。

　最後に、人権の大切さということについて、再度強調しておきたいと思います。確かに、冤罪発生の原因には、事件解決への圧力、有罪の推定、手続きの不公正等を挙げることもできます。ですが、最大の問題は、容疑者に対する人権の尊重が十分になされていないという点にあります。フランス革命期にもいわれた言葉ですが、人権の軽視はすべての政治腐敗と権力濫用の源泉です。[8] 現在、私たちは、裁判官、警察、検察に対する人権教育をとても重視しています。人権教育が十分になされれば、かならずや、冤罪の減少や司法制度の進歩につながると思います。ありがとうございました。

8　「フランス人権宣言（人と市民の権利の宣言）（Déclaration des droits de l'homme et du citoyen）」（1789年8月）の前文は、「国民議会として構成されたフランス人民の代表者たちは、人の権利に対する無知、忘却または軽視が、公の不幸と政府の腐敗の唯一の原因であることを考慮し、人の譲りわたすことのできない神聖な自然的権利を、厳粛な宣言において提示することを決意した」という一文からスタートする（邦訳については、初宿正典・辻村みよ子編『新解説世界憲法集〔第4版〕』〔三省堂、2017年〕）。

周防　先ほど、張先生がおっしゃった、犯人を捕まえなければいけない、これは国民の期待、悪いことをした人はかならず捕まって裁きを受けなければならない、っていう期待ですね。実は、この期待に応えようとする捜査機関のがんばりっていうのは、やはり冤罪発生に繋がる一つの要因だと思うんですよね。日本の場合、検挙率について言うと、事件全体の検挙率は非常に低いんですけれども、殺人の検挙率は非常に高いですよね。検挙率が高くて、まあ未解決事件もありますが、全事件の検挙率に比べれば、圧倒的に殺人では検挙率は高い。で、よくあるのは、何かの事件で失態があった後、今度はもう一度失態を繰り返すわけにはいかないって、がんばりすぎて、犯人を作ってしまう。このことは、何度か、歴史的にうかがえる事実があるんですけれど。要するに、さっき、僕が裁判に真相解明を求める、その真実のレベルの話をしましたけど、警察・検察の職務として、犯罪が起これば、かならずそれを解決して、真犯人を捕まえなければいけない、っていうその思いを強くしているのは、僕たち一人ひとり、市民一人ひとりの強い願望というか期待なんですね。だから、僕たち一人ひとりが、人が人を裁くことへの畏れっていうか、謙虚さをもたないと、冤罪ってなかなかなくなっていかないんじゃないかなと思います。

　台湾の裁判所の職員の方が質問された、取調べを録音する制度ですが、その面では、台湾や韓国に先を行かれていて、日本ではまだ取調べの録音・録画が法的には決められていません。今まさに国会で審議される新しい司法制度の下で、全事件の２％にすぎませんが裁判員裁判の対象事件については、取調べ全過程における録音・録画が法制化されるかされないか、という段階です。[9] 法的問題だけでなく、録音・録画の設備投資にお金がかかるとかよく言われるんですけど、僕は、さっきご紹介していた

9　本シンポの後、2016年５月に、『刑事訴訟法等の一部を改正する法律』が可決成立した（公布は同年６月、施行は公布の日から３年を超えない日）。改正刑事訴訟法は、裁判員裁判の対象事件および検察官の独自捜査事件については、原則として、身体拘束中の被疑者・被告人の取調べの全過程の録音・録画を捜査機関に対して義務づけた（第301条の２）。

だいた本（『それでもボクは会議で闘う―ドキュメント刑事司法改革―』）にも書いたんですが、法制審議会を通じて、録音だけでも全事件するべきだ、それだけでもまったく違うし、逆に言うと、録画があった方がなんだか真実が伝わるようなことをみなさん漠然と考えていると思うんですけど、映画監督からするとですね、映像ほど気を付けなければいけないものはない。録音だけでも、僕は十分、取調べの違法性をチェックできると思うので、録音だけでもすべきだと考えています。

　中国の有罪率についてはよく分かりませんが、日本の有罪率について、気をつけなければいけないことを話しておきます。あの、99.9％、まあざっくり言ってますが、99％台の有罪率、これはさっき質問者の方がおっしゃったように、日本の場合は検察官が起訴した事件、まあ起訴したものしか裁判にならないわけですから、それでの有罪率なんですよ。なんでそんなに高いかって言うと、検察官が、これは起訴すれば絶対有罪になるっていう事件しか起訴していないんです。公判を維持できそうにない事件、つまり無罪になりそうな事件は起訴しません。だから有罪率が高いんです。これが他の国の有罪率と一概に比べられない理由です。日本の場合は、本当に検察官が、これで有罪になる、それだけの証拠があるんだ、ってなった時に、起訴するんですね。で、そのことを裁判官はよく知ってるんですよ。だから、有罪推定になってしまう。無罪推定になるわけがない。だって、裁判官は知ってるんです。検察官は起訴すれば絶対に有罪になる事件しか起訴しないって知ってるから、目の前に来た被告人はみな有罪に見えるんですよ。それがすごく大きい問題で、映画の中でも言ってますけど、この高い有罪率ってものが、結果じゃなくて、実は前提になっているんですね。ただ、検察は有罪が明らかな事件しか起訴しないという、このやり方を認める、っていうか支持する弁護士もいるんですよ。要するに、多くの人が起訴され、裁判を受けなければならないという負担を軽減しているんだと。曖昧な事件は起訴してないから、多くの被疑者は救われてるんだという言い方をする弁護士さんがいらっしゃるんですが、実はこのやり方が日本で冤罪を生む一つの要因になっているんじゃないかと思っています。裁判の前に検察が有罪無罪を

決めてしまっている、この強すぎる検察のあり方、つまり取調べが裁判のようになってしまっている現実が、日本の裁判を歪めているのではないでしょうか。

　本当はまだまだたくさん話したいことがあるんですけど、ここまでにしておきます。

石塚　どうもありがとうございました。もう一度、周防さんと張先生に盛大な拍手をお願いいたします。

正義は断固として 守り抜かねばならない

法治の進歩のために尽力し代価を払うことを 惜しまない人たちに敬意を表する！

胡貴雲（中国・弁護士・北京潤辰律師事務所）

　職業柄、自ずと私自身の仕事や活動のこれまでの経歴と重ね合わせながら、『それでもボクはやってない』という映画を鑑賞した。とても多くの点で、私はこの映画に共鳴し共感を覚えた。

　映画の中で、主人公の金子徹平は、いきなり、罪を認めて示談するか、あるいは認めずに裁判で争うかという進退両難の選択に直面した。現実的な判断をすれば、多くの人は、真実を現実に符合させて罪を認めるという選択をするだろう。しかしながら、社会の進歩、制度の改善、公平・正義の実現は、いつも、真相が隠蔽されることを望まない一握りの人が、自分自身を犠牲にすることで推進される。主人公はまさにこのような人だった。彼は、妥協を拒絶すると同時に、終始一貫して、自らが無辜であるという基本的な事実に自信をもっていた。この自信は、逮捕から裁判に至る過程の中で、しばしば強いプレッシャーにさらされ、最終的には挫かれてしまうが、それでも、映画の最後の部分、つまり判決の言い渡しの時、彼の独白は観衆に訴えかける。自ら遭遇したことを通じて、最終的にはこのような判決が下されてしまったが、この自分自身の妥協の拒絶こそが、公平・正義を精一杯擁護した結果であり、このような行為は、正義と司法の公平の擁護を何ら損なうものではない。このような気づき・悟りは、とても強靱で、人の心を強く打ち、示唆に富んだものである。

「十人の真犯人を逃すとも、一人の無辜を罰するなかれ」。無罪とは無実の罪を着せてはならないことでもある。この原則について述べた上のフレーズは、直接に司法システムの弊害を指し示している。とりわけ、驚くべき99.9％の刑事裁判有罪率。この数字は映画の中で繰り返し登場した。「99.9％の有罪率が、裁判の結果ではなく、前提になってしまっている」という言葉は、裁判所が検察官と被告人の主張に耳を傾ける際、往々にして前者を重視し後者を軽視していることをほのめかしている。裁判官は、「疑わしきは被告人の利益に」という原則にも従っておらず、直接に無罪を有罪としてしまっている。これに加えて、依って立つ立場が異なれば、導かれる結果もまた異なる。裁判官や検察官の視角に立てば、事件は、彼らが通常の業務の中で処理する数百数千分の一にすぎず、結局のところ、それは決まった型どおりに行う公務である。それゆえに、彼らはみな、一般大衆に受け入れられやすい有罪という結果をできるだけ早く出したいと思うのである。「有罪」の二文字は、誤判を受けた人にとっては、なかなか消すことができない人生の汚点となる。けれども、司法という「権威」や被害者側にとっていえば、もはやさして重要性をもたないどうでもよいことなのである。司法の不公正を前に、ただそれと闘う。一切の不利な要素が金子徹平に向けられていた時、彼は、退くこともひるむこともなかった。最後の場面では、「立ったまま聞きます」と沈黙の闘争を展開し、観衆に対して、最後の判決が誤りであることをはっきりと示したのである。

　映画の中では、４人の弁護士が登場した。１人目は、日本の刑事訴訟の苛烈さをとてもよく理解しており、当事者に対して罪を認めるよう勧めた当番弁護士。２人目は、刑事裁判には関心がなく、企業活動に奉仕するだけの会社顧問弁護士。３人目は、正義感にあふれ裁判闘争を主張した弁護士。そして、最後の一人は、若年の女性弁護士。司法システムの構成において、弁護士の形態も基本的にはこの数種類に区別されよう。ただし、闘うことを主張しそれを一般大衆に呼びかけうる正義の弁護士の占める比率は小さく、人数は少なく、収入は低く、リスクは大きい。そして、一部の個別案件は、社会の不正・弊害を映し出しているために、

彼らの業務・活動は、しばしば直接に政治体制に対して強い衝撃を与える。まさに、映画の中の３人目の弁護士のように、委託を受けた後、天性の職責が、彼に法律の角度に立ち、当事者に可能な限りのサービスを提供し、もって最終的な正義を追求するよう促すのである。しかしながら、少しずつ事案と接触してそれを深く理解し、法廷での尋問を進め当事者の冤罪の状況を深く感じても公正な判決を得ることが難しい状況の中で、弁護士が負っている社会的責任、すなわち社会の公平・正義の擁護というものが、はっきりと浮かび上がってくる。彼の義務は、やがて、個人を侵犯する様々な不当な制度や体制の弊害との闘争へと転じていく。

映画は、逮捕から裁判に至る過程全部を忠実に再現し、司法制度に存在するでたらめさ、思い込みを暴露し、観衆に司法システムの細部をうかがい知るとてもよい機会を提供していた。刑事裁判のレベルのみについていえば、私を含む観衆を暗澹たる気持ちにさせたのは、社会各界の司法に対する信頼と期待が裏切られたことである。このような信頼と期待に対置されたのが、検察・裁判所の先入観にとらわれた有罪先にありきの態度、そして、システム全体が当事者に罪を認め刑に服するよう示唆する「触らぬ神に祟りなし（多一事不如少一事）」という法治を破壊する消極主義であった。このほか、映画の中では、現行の司法体系において様々な弊害をもたらす拷問もかなり鋭く描かれていた。これら観点から導かれる社会的な話題に対する探索も、映画を超えた芸術創作そのものなのだろう。

これは、現実と密接に結合したきわめて感覚的な映画であった。

法律家として、私たちは正義を断固として守り抜かなければならない。なぜなら、一人に対する不公正は、すべての人に対する威嚇なのだから。

台湾の市民が考える
国家の役割

徐筱菁（台湾・台北教育大学教員）

　台湾では、1987年の戒厳令解除後、人権擁護の進歩が目覚ましい。特に2000年前後には、法律が次々と制定され、その流れが20年にわたり続いた。法制化の歩みが止まってしまったわけではないが、社会に重大な事件が発生した際、メディアの主流的な見方は、依然としてスケープゴート探しのモデルを脱却できていない。重大事件を通じて制度の欠陥を検証したり、未来の制度の調整と強化を図ったりということはあまり見られず、人権や国家権力の制限となればなおさらである。

　ここで、「二・二八事件」という歴史上の出来事と2015年に起こった「頂新事件」という近年の事件から説明を試みたい。長い間、「二・二八事件」は、台湾社会を分裂させるツールとして利用されてきた。極端な者は、「外省人」という集団を作り出し、「二・二八事件」は外省人による本省人の抑圧だと指弾し、政治家などはそうすることで選挙の票を得ることもあった。「頂新事件」は、台湾で食用油の製造を行う頂新という企業が不当な材料を用いて食用油を製造し、起訴された事件である。地裁による第一審の裁判官は、検察が明確な証拠を挙げることができなかったことによ

1　闇タバコ売りの女性に対する官憲の暴力的な取り締まりをきっかけとして、1947年2月28日に台湾で発生した本省人（第二次世界大戦の終結前から台湾に住んでいた人々）と国民党政権の衝突事件。本省人による抗議は台北からやがて全島に拡大したが、中国大陸からの増援を得た政府により鎮圧された。その後、戒厳令下でこの事件に触れることはタブーとされてきたが、1990年代に至って民主化・自由化が進み、台湾主体意識が高まったことで、1995年には李登輝総統による謝罪がなされ、歴史教育でも事件が教えられるようになった。現在、2月28日は、平和記念日として国民の祝日となっている。
2　輸入の飼料用油を混ぜた食用油を製造、販売したとして起訴された頂新グループの関係者の裁判で、同案件を審理した彰化地方裁判所は、検察の立証が不十分として無罪判決を下した。この判決は市民社会に衝撃を与え、同グループの商品に対する不買運動につながった。

り、無罪推定を理由に無罪の判決を下したが、このことが社会の裁判所に対する怒りを沸騰させ、市民による自力救済型の反対運動に繋がったのである。

　台湾における現在の人権擁護の発展は、権利意識の高まりに偏っており、国家権力に対する本質的な認識と批判は、比較的軽視されている。こうした感情は、政治家によって利用されやすく、選挙に影響して権力の拡張を招く。つまり、上述の２つの事件は、国家権力の濫用と怠惰が人々の基本的権利の損害を生み出したものと言える。国家と民衆がその他の国民を指さし、焦慮と憤怒の炎を彼らに向けることで、国家権力が漁夫の利を得て事件の渦中から脱出を図るのである。

　「二・二八事件」と「頂新事件」は、多くの似たような事件の中の２つの事例にすぎないが、これらの事件を国家権力の制限ないし監督という角度から検討すれば、社会の調和と長期的な発展を確立する助けとなる。しかし、国家は人民が構成するものであり、見た目に特別な所もないため、国家権力の真の要点の所在はしばしば見過ごされがちだ。この問題は、国家が「制服を脱ぎ、普段着に着替える」状況が進むにつれて、さらに深刻なものとなる。今日の台湾では、政府や政党がマスメディアを使って広報活動を行うこと、国家が頻繁に私経済的な手段で公権力の任務を果たしていること、人民が経費欲しさに国家による文化活動への介入に異を唱えないこと、政治家が芸能人まがいのイメージで出現することなどに対する制限がない。このことが国家の影をあいまいなものとし、国家が個人の日常生活に溶け込むことで、政治的責任をますます成立しにくいものとしている。

　それゆえ、私たちは人権教育、憲法教育、公民教育、さらにはメディア教育の中で、国家と国家権力の描写、判別、監督を強化しなければならない。最も効果的な教育の方法は、人民に国家の監督者の身分で意見の分かれる公共的なトピックを議論させ、具体的なプランを出させることだ。このほかに留意すべきは、学生の思考力に関することである。台湾の義務教育には、哲学と道徳を核心とするカリキュラムがないため、法律や司法制度を論じる際には、人と集団の意義を学生に理解させ、討

論の段取りを認識させるよう留意しなければならない。

　台湾は華人の生活圏の中で唯一、自由民主と法治の政治体制を持つところである。その人権環境が成功するかどうかは、華人と世界に多大な影響力を持つがゆえに、私たちは努力に努力を重ねていかねばならないのである。

シンポジウムの舞台裏①

『それでもボクはやってない』を使ってこれまで映画ワークショップを行ってきて、その成果の発表がこのシンポジウムの主目的である以上、やはり、この映画の監督の周防正行さんに話をしていただきたい。私たちは、周防監督とつきあいのある『季刊刑事弁護』編集長の北井大輔さんを通じて、2015年春以降、ダメもとで（無理を承知で）周防監督に登壇の交渉をしてきました。その周防監督から参加承諾のお返事をいただいたのが8月末。私たちにとっては、画竜点睛、とてもうれしいサプライズになりました。

「基調講演」ではなく質疑応答や対談のような形式が望ましい、というのが周防監督の意向でした。私たちが周防監督の対談相手に選んだのは、中国の胡貴雲弁護士でした。胡貴雲さんは、行政訴訟を数多く手がけ、刑事被告人の人権保障や市民の権利擁護に強い関心をもつ、いわゆる人権派弁護士（中国語では、「維権律師」といいます）です。周防監督と胡貴雲さんが対談することで、刑事裁判の制度と現状についての日中比較ができればいい、とりわけ国家権力と闘う弁護士に焦点をあてたい、というのが私たちの企画趣旨でした。

「当局に出国をとめられた（我被限制出境了）」。私たちの構想と準備は土壇場で暗転しました。シンポジウムの前夜に、このようなショートメールが胡貴雲さんの親しい友人で第2部の登壇予定者でもある張万洪先生のスマホに届いたのです。彼女は、反政府的な活動に従事していたわけではありません。それにもかかわらず……。中国の市民社会を取り巻く厳しい現状は私たちの想定を超えるものでした。

胡貴雲さんの出国制限の理由は今に至るまで明らかにはされていません。当初、彼女の周辺は情報公開請求や行政訴訟も検討したそうです。本書刊行にあたり、胡貴雲さんに寄稿を依頼したところ、快諾して下さいました。

胡貴雲さんの代役は、武漢大学の張万洪先生が見事に務めて下さいま

した。対談者が代わることで議論のテーマも多少変えざるをえませんでしたが、中国人法学者が映画に対して抱いた印象・疑問、それに対する周防監督の応答、さらには、日中両国の刑事司法の現状と課題……かなりリアルで突っ込んだ議論が展開されたのではないかと思います。予定していた時間があっという間にすぎていきました。

　日本の刑事司法と中国の刑事司法。それぞれに問題は山積していますが、両国の問題は根本的に性質が異なる問題なのでしょうか。それとも、程度の差なのでしょうか。シンポジウムの聴衆・本書の読者はどう感じたのでしょうか。

（石塚迅）

第 2 部

東アジアの大学教員は
『それでもボクは
やってない』を
どう観せたか？

シンポジウムの様子

あなたは
「十人の真犯人を逃すとも、
一人の無辜を罰するなかれ」に
賛成ですか？

徐筱菁（台湾・台北教育大学教員）

山﨑直也訳

人権教育の重要性

　1947年、台湾の歴史に名を残す「二・二八事件」が発生した。暴虐の一部始終をその目で目撃した母方の祖母は、以来、生涯を通じて誰とも政治的な事柄を話すことがなくなった。1966年から1976年まで、中国では天地がひっくり返るような「文化大革命」（文革）が進行した。裁判官であった私の祖父は、黒五類 [1]の身分に分類されたことで闘争をしかけられ、激しい苦痛の中で亡くなった。叔父は故郷を追われ、農村に下放されて労働改造を余儀なくされ、長らく飢餓状態にさらされた。2016年で文革から50年、2017年には「二・二八事件」から70年を迎えるが、わたしたちの家族と社会がこのようなでたらめな悲劇を経験するということは、もうなくなるのだろうか？

　その答えは、わたしたちが「人権」の観点から「二・二八事件」や文革を検証しうるか否かにかかっている。

　人権とは何か？簡単に言えば、政府は個人の人間性の尊厳を尊重すべ

1　「文化大革命」の中で労働者階級の敵とされた5つの階層であり、具体的には、地主、富農、反革命分子、破壊分子、右派を指す。

きだということであり、そこには人々が基本的権利を享受しうることと、政府の権力が制限を受けるべきことの2つの側面が含まれている。このことは、簡単な道理に見えるが、台湾ではあらゆる意味でそれが貫徹されていないのが現実だ。人権教育の意義は、ここにも余すところなく表れているが、いかにして台湾の人々に人権の意味を理解させ、それを日常の出来事を検証する基準としてもらうかが、台湾人の未来が幸福なものとなりうるかを決定づける基礎となる。

人権教育の実施方法と過程

　台北教育大学では、2014年9月から2015年1月の1学期を使って、人権教育を中心とする授業を行った。授業の名称は「教育法」であった。担当教員は本稿の筆者で、15年の教育経験を持ち、ドイツのエバーハルト・カール大学テュービンゲンで法学を学んだ。学生数は2クラスあわせて69名、教育学を専攻する学生である。年齢は20歳前後で、小学校の教員を目指している。

　この人権教育を趣旨とする授業には、以下の3つの目的がある。第1に、学生が人権を理解し、その後の小学校での教育に生かせるようにすること、第2に、学生が教育法を知り、人権の観点から法令を運用できるようにすること、第3に、個人の意見を表明し、公共の問題に参与できるようにすることである。そのため、教授法においては、講義だけでなく「メディア（映画）を用いた教授法」を用いることとし、映画の内容から人権に関わる問題を理解してもらうことにした。教授法の上でのもう一つの工夫は、「グループワーク学習」であり、学生をグループに分け、4人から5人の小さなグループの中で、個人の意見を出しながら解決のプランを議論してもらうこととした。

　知識、情意、技能の3つの面から学生のニーズを分析してわかったのは、いずれのクラスの学生も成績が良好で十分な政治と社会の知識を備えているが、知識を具体的な事柄の解釈に用いる能力を欠いているということである。同時に、多くのアジアの学生と同様、市民意識が弱く、政府

と公権力を批判し、監督するという態度を欠いている。

　今回の教育の過程では、映画『それでもボクはやってない』を媒介とし、最初の授業で映画全編を観てもらい、観賞後、「法律映画アンケート」に記入してもらった。その目的の１つは、授業の初期段階において、学生の人権理解の状況を把握し、その後の教育の参考とすることに加え、期末に作成するもう１枚のワークシートと対照して、教育効果を測るためである。アンケートの内容は、巻末資料３の通りである。

　学期中、教員は概念を語った後で、映画の中でこれに類するシーンを取り出し、理論と実際を結びつけた。授業の中の「教師の懲戒免職」という主題を例にとると、教員は図表１のレジュメに基づいて教師の免職に関する規定について述べた後、『それでもボクはやってない』のシーンを学生に回想させる。さらに、図表２のワークシートにしたがってグループ分けした学生に、権利を侵害された教師、学校長、PTA会長、弁護士など、異なる役割を演じさせ、免職された教師がいかに訴訟を行うかについて討論する（図表３）。

　学期末には、『それでもボクはやってない』の「十人の真犯人を逃すとも、一人の無辜を罰するなかれ」という主題に関する議論から、学生の人権に対する学びの効果を検証する。ここで、教員は口頭での討論のほか、「人権教育ワークシート」（図表４）を学生に記入させ、授業初日のアンケートと照らし合わせて参考材料とする。

【図表1　授業のレジュメ】

第九課、教育主體與其作用 _ 教師篇（二）

一、教師解聘案
（一）事實簡述
原告原為小學教師，不服被告解聘之決定，循行政爭訟程序，提出異議。
（二）本案爭議
　1) 教師解聘的法規依據為何？本案被告是否提出足 ☒ 證據？
　2) 教師解聘之法規依據為何？
　3) 教師解聘是否須依循特定程序？這些程序是由哪些機關執行？如何執行？
　4)「實體正義」與「程序正義」的關係？
（三）教師解聘相關規定

法規條號	內容	執行機關	執行方式
教師 §14I	教師聘任後除有下列各款之一者外，不得解聘…九、教學不力或不能勝任工作，有具體事實或違反聘約情節重大。	學校	處理高級中等以下學校不適任教師應注意事項 各縣市不適任教師處理辦法
另參考教育人員任用條例 §31			
教師 §14II	教師有前項…第九款規定情事之一者，應經教師評審委員會委員 2/3 以上出席及出席委員過半數之審議通過。	學校教評會	高級中等以下學校教師評審委員會設置辦法
教師 §14-1I	學校教師評審委員會依第 14 條規定作成教師解聘、停聘或不續聘之決定後，學校應自決定作成之日起 10 日內報請主管教育行政機關核准，並同時以書面附理由通知當事人。		
教師 §29I	教師對主管教育行政機關或學校有關其個人之措施，認為違法或不當，致損其權益者，得向各級教師申訴評議委員會提出申訴。		
教師 §29II	教師申訴評議委員會之組成應包含該地區教師組織或分會代表及教育學者，且未兼行政教師不得少於總額之 2/3，但有關委員本校之申訴案件，於調查及訴訟期間，該委員應予迴避；其組織及評議準則由教育部定之。	教師申評會	教師申訴評議委員會組織及評議準則
教師 § §30~33			

附錄：判決（簡略版）

> 最高行政法院判決 101 年度判字第 352 號
> 上 訴 人 陳福順（以下簡稱 A）
> 被上訴人 臺北市大同區延平國民小學（以下簡稱 B）

判決如下：
主文
上訴駁回。上訴審訴訟費用由 A 負擔。
理由
一、A 原為 B 所聘用之教師（聘書 86.8.1~93.7.31），因 B 認 A 有教學不力等事實，乃於 91.11.1 及 91.11.15 召開教師評審委員會（下稱 B 教評會），決議依行為時教師法 §14I(8),II 規定，自 91.12.9 起解聘 A，並陳報臺北市政府教育局（下稱教育局）核准，經教育局召開不適任教師審議小組會議討論決議解聘 A，並「同意備 ☒」。B 乃通知 A，自收文之日（92.1.15）起解聘（服務起迄日期為 82.8.1~92.1.14）。A 不服，分別向臺北市政府提起訴願、臺北市教師申訴評議委員會（下稱臺北市申評會）提出申訴，復向教育部中央教師申訴評議委員會（下稱教育部申評會）提出再申訴，案經教育部申評會評議決定，以教育局之同意備 ☒，並非核准，認再申訴有理由，不予維持。B 乃重新報請教育局核准，經教育局函復予以解聘 A，B 復…通知 A。A 不服，循序提起訴願及行政訴訟，但因本案聘約應屬公法上之契約關係，不得提起訴願及撤銷訴訟，故分別遭訴願決定不受理，…裁定駁回 A 之起訴。…A 就其不利部分，提起上訴。
二、A 起訴主張：
（一）B 並未依法進行察覺期、輔導期等程序，解聘自屬違法：依據教育部所頒布之「處理高級中等以下學校不

【図表 2 ワークシート】

> ### 第九課學習單
>
> 請討論：
> - □ 各組以戲劇方式呈現本課訴訟。小組長擔任法官、資料長擔任原告律師、記錄長擔任被告律師、檢察長擔任司法改革基金會觀察員。AD、BC、EH、FG、IL、JK 檢查長互換到他組觀察和督導。50 分鐘。
> - □ 檢查長報告各組狀況。每人 6 分鐘。老師提問。
> - □ 每人寫下對本案的理解和心得。

【図表 3 学生のディスカッションの様子】

附件2

人權教育學習單

姓名：＿＿＿＿＿＿＿＿＿　　　學號：＿＿＿＿＿＿＿＿＿

一、討論流程：
- □　各組以公民會議討論以下議題。檢查長擔任冤獄平反協會代表、資料長擔任犯罪受害人保護協會代表、記錄長擔任人權教育振興會代表兼會議主席。20 分鐘
- □　各組小組長擔任司法改革基金會觀察員。AG、BI、DJ、FK、CL、EH 小組長互換到他組觀察和督導。
- □　小組長回到原組，報告觀察結果，並加強本組討論結果之理由。20 分鐘
- □　各組報告討論結果。老師提問並請各組辯論。30 分鐘

二、討論議題：「寧可錯放 10 個壞人，也不要冤枉 1 個好人。」這句話你同意嗎？也就是說，當國家司法機關因證據不足，釋放看起來明明有罪的人，這是保障人權的表現，對嗎？
【請思考憲法、法治國原則、基本權利、罪刑法定主義的意義】

(1) 優點：

(2) 缺點：

(3) 人民、立法機關、行政機關或法院該怎麼做？

三、課程結束後，請說明：經過課堂上的討論和辯論，你是否改變原來的想法？理由為何？

教授法の検討

　今回の授業では、2つの教授法を使用した。メディア（映画）を用いた教授法とグループ・ディスカッション学習である。現在、映像を用いた教育は、法教育で頻繁に行われている。その利点は、映画の視聴覚効果が学生の注意を引きつけるだけでなく、2時間足らずの短い時間で、学生がある事柄について全面的な認識を持ち、映画の中の立場を異にする登場人物の反応から、さまざまな考え方を多面的に理解することができるということだ。

　今回、主に使用したのは、『それでもボクはやってない』という映画である。この映画のストーリーはシンプルで、学生の日常生活に密着している。それゆえ、学生は容易に自身の経験と記憶を映画の中に見出すことができ、同時に、自身の経験を、映画のキャストが遭遇する問題に重ね合わせることができる。すなわち、学生本人が主人公・金子徹平と同じ境遇に陥った経験がなくても、映画によって自分がそのような境遇にどう反応するかを想像することができるのである。

　このほか、『それでもボクはやってない』という映画は説明が行き届いており、娯楽性を高めるために、ある特定の観点や過程に重点を置くということがない。本作には、性格と社会的役割を異にするさまざまな人物が現れ、複雑な人間関係をみせる。このような俯瞰的な視角は、社会経験の少ない学生が公共の問題を議論するにあたり、具体的な対象を想像、模倣し、多様かつ現実に即した考え方を提起することを可能とする。

　この映画の授業に対する最大の貢献は、「十人の真犯人を逃すとも、一人の無辜を罰するなかれ」という挑戦的な主題の設定にある。台湾の入学試験は筆記試験であり、そこにはかならず模範解答があって、評価と序列が決まる。このことは、授業が提示する情報を疑うことなく丸呑みするという態度を学生にとらせるため、学生ははじめ「十人の真犯人を逃す」ことが社会通念に反すると感じつつも、目にした情報（「一人の無辜を罰するべきではない」こと）を習慣的に受け入れてしまう。この矛盾は、学生に頭を働かせてこの言葉の当否を考えることを迫るのであり、教育の上で

間違いなくプラスの効果を持つ。

　上述の『それでもボクはやってない』を使った教育は、一種のドラマ教育（演劇の上演自体を目的とせず、様々な教科の学習においてドラマを媒体として取り入れる教育法）であり、学生はドラマの中から知識、能力と経験を獲得する。このことは、本授業が進めるもう1つの教授法であるグループワーク学習法のためにもなる。グループワーク学習法では、学生を少人数のグループに分け、助け合いと責任分担によって、力を合わせて学習上の課題を完成させる。本授業におけるグループワーク学習法は2つの意義を持つ。1つは、出席管理、資料収集、課題提出等の作業を分担するということであり、各グループはグループリーダー、資料係、記録係、チェック係等の役職を設け、教員が割り当てた職責を執行する。

　グループワーク学習法のもう1つの目的は、ドラマ教育とロールプレイを組み合わせることで、演劇という手法で、議題を論じるという課題を完成させることである。例えば、各グループでは、グループリーダーが裁判官、資料係が原告の代理人（弁護人）、記録係が被告の代理人（弁護人）、チェック係が司法改革基金会[2]の観察員に成り代わって訴訟の場面を表現する。台湾の学生は、小中学校で発言のトレーニングを欠いているため、人前で自分の意見を表明することに臆病なところがあるが、その多くは劇を演じることを好みもするので、グループのメンバーと一緒に自分ではない誰かを演じさせることで、学生の興味と考え方を刺激することができるのである。

教育効果の検討

　「十人の真犯人を逃すとも、一人の無辜を罰するなかれ」という映画『それでもボクはやってない』の主題は、人権上の非常に重要なテーマである。それは、政府の決定がかならずしも正しいとは限らないことを我々に思

2　1995年設立の台湾の民間司法改革団体。法案の推進、司法の監督と評価、事案の追跡、法教育等を通じて、下から上への司法改革により、市民の司法に対する信頼を高めることを目指している。

い出させる。歴史の教訓が我々に教えるところによれば、政府の監督を怠れば、その決定は往々にして人民に害をなすことさえあるのである。それは同時に、いわゆる「悪人」であっても、無罪推定を原則とすべきことを政府に思い出させる。もし、権力の行使において法律と手続的公正を遵守することを国家に要求し、監督しなければ、誰もが独裁者の口にする「悪人」となって意のままに処罰される可能性がある。

　ここで「罪刑法定主義」と総称している原理は、台湾では刑法の第1条に明記されている。法学的には憲法の基本原則とみなされているものの、一般の人々は、政府が罪刑法定主義を順守したならば、街中が悪人であふれかえるのではないか、また悪人が報いを免れることになりはしないかと懸念している。しかし、欧米諸国では罪刑法定主義を実行した後も、犯罪率と有罪率に明らかなマイナスの相関は表れておらず、他方、台湾では人権に対する保障が以前に比べ大幅に改善しているので、こうした憂慮はいらぬ心配といえる。学生が一学期の学習を通じて、この原理の背景にある原因を理解し、この原理を受け入れ、運用することができたかを観察することで、人権教育の効果を知ることができる。

　授業の最初に行う法律映画アンケートのいくつかの設問を組み合わせることで、台湾の学生が人権に対してどのような認識を持っているかを素描することが可能となるだろう。本アンケートの回答数は65通であり、各設問の回答状況は以下の通りである（図表5）。

【図表5　法律映画アンケートの一部設問への回答の統計】

問12：あなたは、憲法は何のために存在すると思いますか？

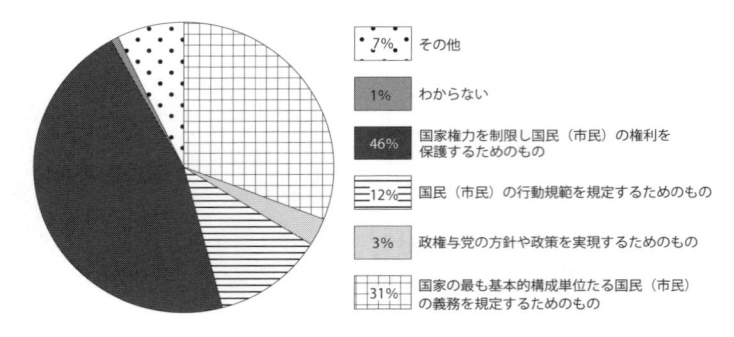

- 7% その他
- 1% わからない
- 46% 国家権力を制限し国民（市民）の権利を保護するためのもの
- 12% 国民（市民）の行動規範を規定するためのもの
- 3% 政権与党の方針や政策を実現するためのもの
- 31% 国家の最も基本的構成単位たる国民（市民）の義務を規定するためのもの

問15：もしあなたが『世界人権宣言』を知っているのであれば、『世界人権宣言』に列挙された人権は、現在の台湾において十分に保護されていると思いますか？

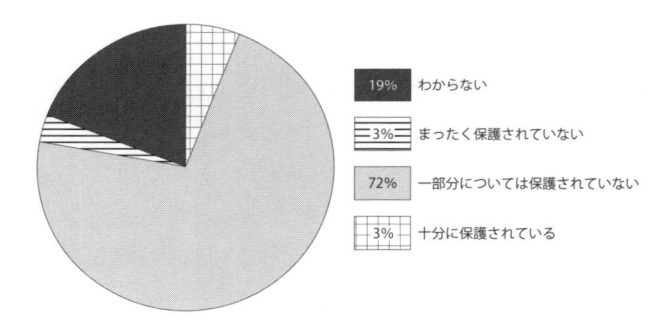

- 19% わからない
- 3% まったく保護されていない
- 72% 一部分については保護されていない
- 3% 十分に保護されている

問17：あなたは、現在の台湾において差別があると思いますか？

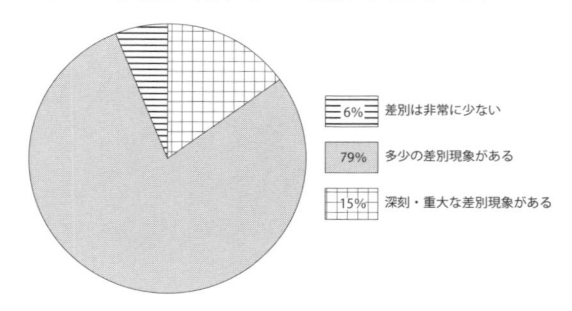

- 6% 差別は非常に少ない
- 79% 多少の差別現象がある
- 15% 深刻・重大な差別現象がある

問28：もしあなたが映画の中で嫌がらせを受けた女子学生だったとして、彼女と同じように、痴漢を捕まえますか？

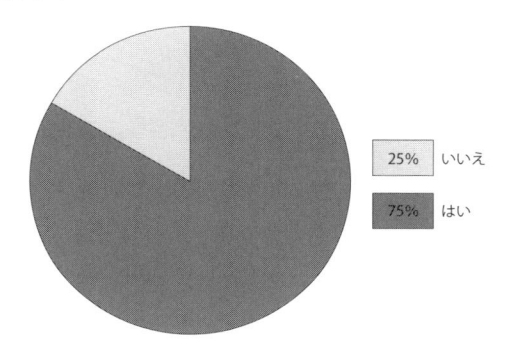

25% いいえ
75% はい

問29：もしあなたが映画の主人公だったとして、彼と同じように、罪を認めず、訴訟によって自らの潔白を守りますか？

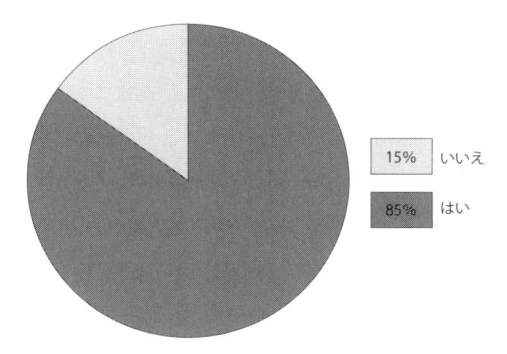

15% いいえ
85% はい

問30：あなたは、この種の冤罪事件は台湾でも起こると思いますか？

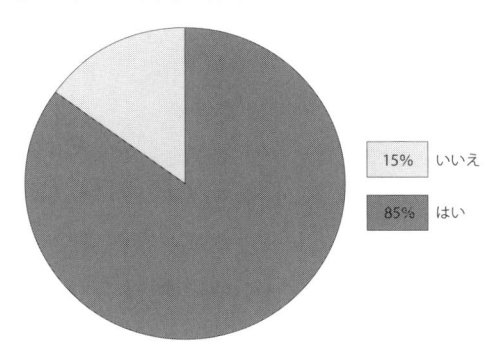

15% いいえ
85% はい

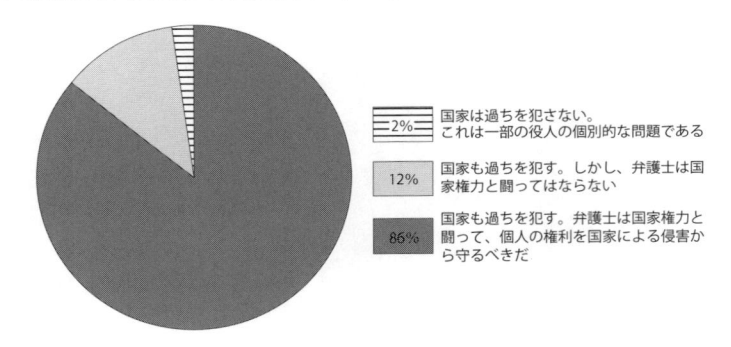

問31：映画の中で、弁護士が「私たちは国家を相手に闘っているんですよ」と発言します。この発言に対するあなたの見方を教えて下さい。

国家は過ちを犯さない。 2% これは一部の役人の個別的な問題である

12% 国家も過ちを犯す。しかし、弁護士は国家権力と闘ってはならない

86% 国家も過ちを犯す。弁護士は国家権力と闘って、個人の権利を国家による侵害から守るべきだ

　以上のデータをまとめると、学生に憲法の機能を知っているかをきく設問（問12）で回答が最もばらついた。65通の回答には、複数回答可の設問でないにもかかわらず、複数の選択肢を選んでいるものもあった。学生がそれを選ぶことを教員が期待したのは、「国家権力を制限し国民（市民）の権利を保護するためのもの」という選択肢だが、「国家の最も基本的な構成単位である国民（市民）の義務を規定する」を選んだ学生がいたのも、無理なからぬところで、台湾地区で適用されている憲法は、人民の基本的義務を規定しているのである。その他の「政権与党の方針と政策を実現するためのもの」、「国民（市民）の行動規範を規定するためのもの」、「わからない」、あるいは「その他」の各選択肢は、人権教育の強化が必要であることを示している。複数の選択肢を選んでしまった回答を含めた統計の結果では、「国家権力を制限し国民（市民）の権利を保護するためのもの」という期待通りの回答は46％に過ぎず、この結果は、学生の憲法に対する意識の強化が必要であることを教員に気づかせるものであった。

　ほとんどすべての学生が世界人権宣言を知っていたが、問15「『世界人権宣言』に列挙された人権は、現在の台湾において十分に保護されていると思いますか」という設問に対して、「十分に保護されている」と答えた学生は、わずか６％のみであった。すべての回答を観察してみると、学生たちは、関連する条文が法律にあっても、政府による履行が不十分だ

と考えていることが見て取れる。そのため、問17「あなたは、現在の台湾において差別があると思いますか？」では、15%の学生が台湾には深刻・重大な差別があると認め、実に79%もの学生が多少の差別があると考えているが、この結果は、台湾の学生が平等の問題に高い関心を持ち、社会は不公正で、政府は十分に責任を果たしていないと考えていることを示している。

　問28「もしあなたが映画の中で嫌がらせを受けた女子学生だったとして、彼女と同じように、痴漢を捕まえますか？」では、75%の学生が自分と他者の権利権益を保護するために、痴漢を捕まえると答えている。25%の学生がそれを望まない主な理由は、面倒だ、こわい、恥ずかしいというもので、２名の学生は、なんと自ら痴漢を制裁すると答えた。同じような考え方は、問29「もしあなたが映画の主人公だったとして、彼と同じように、罪を認めず、訴訟によって自らの潔白を守りますか？」では、85%が徹底的に自らの潔白を訴えるとし、15%が面倒だ、訴訟によって人目にさらされるのがこわいと答えたが、司法による審理が信用できないので、罪と認めてしまうという者も１人いた。この２つの設問からわかるのは、85%の学生が問30「あなたは、この種の冤罪事件は台湾でも起こると思いますか？」で冤罪は不可避だと認めてはいるものの、学生の大多数は自己の権利権益の保護を望み、原則的には台湾の司法制度が彼らの権利権益を保障してくれるだろうと信じているということである。

　86%の学生が「国家も過ちを犯す。弁護士は国家権力と闘って、個人の権利を国家による侵害から守るべきだ」と認める一方で、12%は「国家も過ちを犯す。しかし、弁護士は国家権力と闘ってはならない」と答えている。ただ、ここではなぜそう思うかを学生に書かせていないため、その理由まではわからない。

　以上の説明から確かなことは、アンケートを受けた20歳前後の台湾の学生たちは、憲法についてはっきり知らないものの、強い権利意識を持っているということだ。このことの良い点は、学生は自分の権利を理解し、制度を利用して自分と他者の権利を保障する気があるということだが、憲法の主な機能が国家権力の制限にあるという意識を欠いている、政府

がこれに乗じて、自らの権力を合法化し、権力を拡張、濫用する可能性がある。

　最後の授業で、教員は、人権教育ワークシート（図表4）によって1学期の人権教育を総括したが、討論の主な議題は、次のようなものであった。「『十人の真犯人を逃すとも、一人の無辜を罰するなかれ』という言葉にあなたは賛成ですか？つまり、国家の司法機関が証拠の不十分を理由に明らかに有罪にみえる人間を釈放するということが、人権が保障されていることの表れと言えるでしょうか？　憲法、法治国家の原則、基本的権利、罪刑法定主義の意義について考えてみてください」。

　この議題を討論する前に、教員は議題に対する立場を口頭で尋ね、同意するか否か学生に手を挙げてもらった。結果は、反対の者が賛成の者より明らかに多かった。続けて、教員は、学生をグループに分け、パブリックフォーラム形式で議論してもらった。グループのチェック係を冤罪事件名誉回復協会の代表、資料係を犯罪被害者保護協会の代表、記録係を人権教育振興会の代表兼フォーラムの議長とした。各グループのリーダーは、司法改革基金会の観察員として他のグループの観察と指導にあたり、観察後は自分のグループに戻って他のグループの意見を自分のグループのメンバーと共有することで、自分のグループの決議の理由を強化する。各グループの意見を総括した後、教員の司会でグループ間の弁論大会を行い、最優秀グループを選出する。最後に、学生にワークシートを記入してもらうのである。

　弁論活動の2名の司会は、本稿の筆者と同じ台北教育大学の教員で教授法を専門とする曾慧佳教授であった。2名の教員は、人権教育について長く協力を行っており、豊富な教育経験を持っている。曾教授は、学生にさらなる思考を促す意味で、心理学と教授法を基礎として、以下の質問リストを提出した。(1)このような場面（公共交通機関での性的いやがらせ）は台湾でも起こりうるか、(2)台湾における性的いやがらせの誤認の確率はどの程度か、(3)どのようにして自分の潔白を証明するか、(4)もし誤認された場合、自由を得るために罪を認めてしまうか、またそれはなぜか、(5)映画の主人公がすべてをなげうって自身の潔白を証明しようとしたこ

とは、それに値すると思うか、またそれはなぜか、(6)あなたが目撃者だとして、映画の中の証言者と同じように、証言に出向くことをするだろうか、またそれはなぜか、(7)あなたが母親だとしたら、財産をなげうって息子のために証言者を探すか、あるいは息子に妥協を勧めるか、またそれはなぜか、(8)あなたが女性だとして、性的いやがらせの容疑者に対して終始軽々しいあの裁判官をどう思うか、またそれはなぜか、(9)映画を観ている側の我々は神の視点に立つわけだが、裁判官の交代について、どう思うか、またそれはなぜか。

弁論の過程において、司会者の果たす役割は、各グループの代表の意見に絶えず質問を投げかけ、詳しい説明を求めることである。学生の論述の中の目的と手段の矛盾、論理の不明瞭や誤りを指摘する。こうした挑戦の中で、学生は、グループの栄誉を守るため、先を争って発言する。自らの論点を支持する証拠を出しながら、他のグループの疑義に反駁するのである。意義深い思考と弁論の活動となった。

このほか、学生は、人権教育ワークシートで2つの大きな問題に答えなければならない。第1の大問は3つの小問からなり、「(1)国家の司法機関が証拠不十分で明らかに有罪に見える人を釈放することのメリットは何か、(2)国家の司法機関が証拠不十分で明らかに有罪に見える人を釈放することのデメリットは何か、(3)人民、立法機関、行政機関、裁判所はどのようにするのがよいか」というものである。第2の大問は、「授業終了後、クラスでの討論と弁論を経て、もともとの考えに変化があったか、またその理由は何か」というものである。

49通の有効回答の中で、「十人の真犯人を逃すとも、一人の無辜を罰するなかれ」という言葉を明白に支持する者は16人であり、明白に反対する者は12人、その他の21人は立場を明らかにしていないか、どちらも受け入れる者である(図表6)。

「あなたは十人の真犯人を逃すとも、一人の無辜を罰するなかれ十人の真犯人を逃すとも、一人の無辜を罰するなかれ」に賛成ですか？

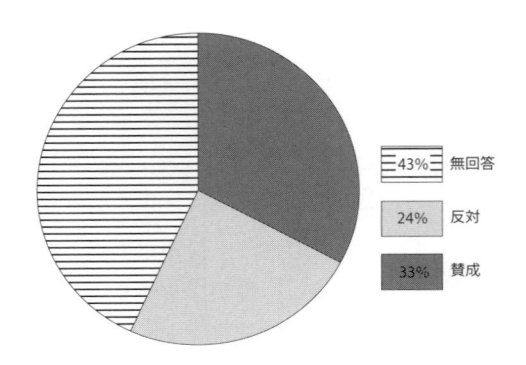

43% 無回答

24% 反対

33% 賛成

　大いに注目に値するのは、討論の前に挙手で調べた結果と比べると、当初は同意しないという答えが多かったが、討論と弁論を経て、同意しない者が減少していたことである。もともと挙手の段階では、賛否の色分けが鮮明であったが、作業の中で43%の学生は、賛成と反対の両者の間を行き来し、この議題については、状況次第で答えを決めるべきだとした学生もわずかにいた。

　ワーク中で、「十人の真犯人を逃すとも、一人の無辜を罰するなかれ」を実施するメリットとして学生たちが列挙したのは、いたずらに無実の罪を着せられて人権が侵害されることがなくなる、国家による権力の濫用を避けられる、司法に対する不信の発生を抑えることができる、有罪率の高さに乗じて、人々が他者を陥れる手段として事実無根の訴えを起こすことを避けられるといったことである。逆に、デメリットとしては、社会の秩序を破壊する、人心の荒廃を招く、法律の威信を打ち壊す、法律の拘束力を低下させる、警察と検察の士気を損う、被害者の権利権益の保障が加害者に比べ不十分で、彼（女）らに社会と司法が不公正だと感じさせる、自力救済を助長し、個人に私的な制裁の道を選ばせるといったことが挙げられた。

　少なからぬ学生が指摘したのは、無辜を罰さないという条件の下で、

証拠不十分によって犯人を逃すことに原則賛成するが、十人もの犯人を逃すとなれば、それはもはや司法制度の崩壊を意味するということである。しかし、公益は私益に勝り、必要とあれば、無辜の人の権益を犠牲にしても、社会の安寧を保つべきだと言う学生も2人いた。

　大部分の学生は、「人民、立法機関、行政機関、裁判所はどのようにするのがよいか」という第3の小問について、人々が良好な法律的素養を持つべきだとか、立法機関による立法は時代に即して発展変化すべきだとか、裁判所は中立であって無辜の者を罰したり、有罪の者の罪を軽く済ませたりすべきではないとか、証拠の収集と審理を慎重に行うべきだとか、的を射た意見を出している。一部の学生は、陪審員制度を設けて、人々に裁判所の裁判を理解し、監督させるべきだと考えている。

　重視すべき点として、49通のワークシートのうち、討論によりさまざまな見方を理解したことで、もともとの考え方を変えた学生が14名に上ったことが挙げられる。その他の3分の2の学生も、大多数は、討論内容の多くはたとえ立場が自分と違っても印象深いものであったし、多くの意見は自分では思い至らなかった論点だったと認めるとともに、これらの異なる観点を取り入れ、考慮する要素の一つにしたいと述べた。ワークシートの回答から見て取れるのは、この変化が43%の学生に賛成または反対のいずれか一方の立場を取るのではなく、態度を表明しない、ないしは賛否どちらも受け入れるという立場を取らせているということだ。

　人権学習ワークシートに基づく討論を前に、大多数の学生は、「十人の真犯人を逃すとも、一人の無辜を罰するなかれ」という言葉に挙手で反対していたが、それは法律映画アンケートのいくつかの設問の分析から得られた結果と一致している。すなわち、学生は自分の権利を保護したいという考えを強く持つが、国家権力の本質に対する認識を欠いているのである。無辜の人が冤罪に陥ることはあって欲しくないと思うが、それ以上に十人の犯人が社会に放たれることを望まない。国家が罪の証拠が不十分でも犯人を処罰するかもしれないと考えることがないため、国家権力が制約を受けない状況を生み出しかねないのである。教育効果から見ると、1学期を経て、大多数の学生は学期当初の状態のままであり、

教育効果が出ていないように見える。幸いにも、1学期のトレーニングによって、学生たちは、異なる役になりきることで、自分の欲求を超えて他者の立場を想定することができるようになり、意見の陳述と討論を経ることで、開かれた態度を持つことを望み、他者の異なる意見を速やかに取り入れ、自分のもともとの考えを改めさえするようになった。

反省点と改善に向けての計画

　人権教育の成否には3つの指標がある。個人の基本的権利を知る、国家の公権力の本質と範囲を知る、個人の基本的権利が制限される条件とその限度を知るということだ。今回、映画『それでもボクはやってない』を授業に取り入れることで、次のような収穫があった。

1　人権問題は具体的かつ詳細に

　問題解決とディスカッションは人権教育でよく見られる教授法だが、今回の教学からわかったのは、人権に関する討論の議題は具体的かつ詳細でなければならないということで、そうでなければ、学生が何のために議論するのかはっきり理解できないからである。学期始めに『それでもボクはやってない』を見せてアンケートに答えてもらい、人権というテーマについて学生が比較的はっきりとした概念的理解を持ったら、学期を通じて人権について様々な議論を重ねる。こうすることで、イメージが明確となり、学んだ概念を活用することも可能となる。

2　グループワークはロールプレイとの組み合わせでさらに効果的に

　学期中は毎回ワークシートで学生にグループワークの練習をさせる。ワークシートの内容と目標は、徐々に深く難しくなるようにデザインする。ワークシートのディスカッションのテーマによって、学生に異なる役を演じさせることができれば、異なる立場からの思考・議論が可能となる。議論の空気は熱を帯びたものとなり、結論もまとまりやすい。

3　討論のモデルを作る

　教員の意図を学生に理解してもらうためには、具体的なモデルが必要となる。そこで、授業の最初の方で、よい発言をする学生に多く発言の機会をあたえ、教員が指摘を加えて、これらの学生の発言が他の学生の手本となるようにしておくと、その後の議論をより円滑に進めることができる。

4　学生の人権に対する基本認識を強化する

　小学校、中学校、高校で習ってはいても、学生たちの人権の概念は不確かなもので、深い議論にはつながらない。最適な教育法は、基本概念の紹介を議論の中に落とし込み、深く広い理解に導くスパイラルを作り出すことである。

5　教員は随時学生の興味を喚起する

　人権にかかわるテーマは、厳格な論証のプロセスを必要とする。教員は様々な教授法を用いて、学生の集中力を高める。実用的なものとして、映像を用いる方法があるが、時間は20分を越えてはならない。

　収穫とともに、至らない点も多々あった。今後の教育に向けて2つの重要な改善点があると考えられる。第1に、授業の内容は国家権力の解析を強化すべきだということである。台湾の学生が人権教育あるいは公民教育において最も不足しているのは、公権力に対する理解であり、次の段階の最も重要な課題は、憲法を基礎として抽象的な国家権力を説明するための専門の授業と教授法を設計するということで、そうでなければ、人権教育がその効果を全うしえないからである。第2に、教学の効果を検証するステップをもう2つ増やすことである。今回は学期のはじめとおわりで検証を行い、効果は良好なものであったが、学期末の検証の後は改善の時間がない。今後はもう2回増やすべきであろう。

おわりに

2014年9月から台湾の台北教育大学で、映画『それでもボクはやってない』を使って人権教育を行った。映画のストーリーはシンプルながら豊かな内容を持つもので、学生たちは人権に関わるいくつもの制度について具体的な認識を得るとともに、映画の中のさまざまな登場人物から、人それぞれ考え方が異なるが、そのどれもが重要でかけがえのないものだということを理解した。しかし、個人の能力には限界がある。それゆえに互いに協力し、相互に監督し、助け合い、譲り合うことが重要なのである。

【参考文献】

・龍應台『野火集〔三十週年紀念版〕』(新北：INK印刻文学出版、2016年)
・林江臺主編『走読人権：探訪大台北地区人権景点』(苗栗：桂冠出版社、2014年)
・潘維大＝黄心怡『法律與生活〔修訂4版〕』(台北：三民書局、2016年)

※本論文で使用しているアンケートは、本書巻末掲載の簡体字中国語版アンケートをもとに筆者の徐筱菁が作成した繁体字中国語版アンケートを山崎直也が日本語に翻訳したものである。そのため、巻末掲載の日本語版アンケート（石塚迅作成）と表現が異なる部分がある。なお、繁体字中国語版アンケートでは、『中華民国憲法』制定年に関する設問(問10)に誤りがあった。『中華民国憲法』の制定は1946年であり、同アンケートの設問中には、正答となる選択肢が含まれていない。

活ける正義
映画を通して法を講じる

張万洪（中国・武漢大学教員）
石塚迅訳

映画を用いて法を講じることの実践

2002年、私は、ジョンズ・ホプキンス大学＝南京大学中国・アメリカ文化研究センター（The Johns Hopkins University -Nanjing University Center for Chinese and American Studies）で研究し、リチャード・H・ワイスバーグ（Richard H. Weisberg）教授の講義を受けていた。ワイスバーグ教授は、ベンジャミン・N・カルドーゾ法学部（The Benjamin N. Cardozo School of Law）で教え、アメリカの法・人道研究所（Law & Humanities Institute）の所長も兼任していた。そして、「法律と文学」運動のパイオニアかつ権威の一人であった。彼は、私たちに、「物語の中の法律（Law through Stories）」というきわめて斬新な科目を開講して下さった。授業の中で、彼は、『ヴェニスの商人（The Merchant of Venice）』、『水兵ビリー・バッド（Billy Budd）』等の名作文学だけでなく、しばしば、映画を教材として使用した。たとえば、『シビル・アクション（A Civil Action）』、『シンドラーのリスト（Schindler's List）』、『シカゴ（Chicago）』等である。この授業を受けて、私は、映画を通して法的問題を理解・分析することに強い興味と関心を抱いた。

中国の法学界においても、一部の学者が、法学上の問題を分析する素材として映画を使用することを試みていた。朱蘇力教授や馮象教授による張藝謀監督の『秋菊の物語（秋菊打官司）』に対する解読によって、同作品はすでに法学部の権威的テキストとなっていた。また、中国語世界において、いくつかの著作が、映画における法律の内容を紹介し、映画の

ストーリーの中で、そこに隠された法的トピックを思考するよう、読者をいざなっていた。たとえば、アメリカUCLA法学部教授のポール・バーグマン（Paul Bergman）とマイケル・アジモー（Michael Asimow）の共著『Reel Justice: The Courtroom Goes to the Movies』には、2種類の中国語翻訳版がある。台湾の民間司法改革基金会が編集・出版した『映画を観て法律を学ぶ（看電影学法律）』と、徐昕教授が編集・出版した『映画の中の司法（影像中的司法）』である。私自身も、以前に『法律映画あれこれ——アメリカ映画の中の法律（繽紛法影——美国電影中的法律）』を著したことがある。これらの著作は好評を博し、法律関係者はもちろんのこと、一般大衆にとっても絶好の映画ガイドとなった。映画を観ながら法律を学ぶ、というわけである。

【写真1　『秋菊の物語』DVD ジャケット】

【写真2　『法律映画あれこれ』書影】

　映画を用いて授業を行うことについて、懐疑的な人も少なくない。彼らは、映画というテキストの流動性が映画を観るにあたっての受け身的な態度をもたらす、すなわち、観衆に深く思考する余裕をあたえない、と考えている。映画鑑賞という活動は、観衆に映画の内容を迅速かつ正確に理解・把握することを要求し、それは、観衆の美的感知力や判断力について、より高い要求を提起することになる。確かに、映画は、文学鑑賞のように、思いのままに反復継続して玩味することも、読者の判断に任せて深く思考したり中断したり続けたりすることもできない。しかしながら、映画には、他のテキストやメディアでは到底及ばない優位性

がある。それは、ライブ感、直観性、流動性、リズム感に富んでいること、包容性である。もし、映画が叙事的なものであるとすれば、それと他の叙事的芸術（主として小説と比較したい）との基本的な区別は、映画が「観られている」という点にある。換言すれば、それは、「出現する」、「展示される」物語であり、「講述される」物語ではない。画面の入れ替え、光影の変換の中で、具体的、物象的、動態的、継続的な音声と映像を通じて、観衆は自ら体験するという感覚を得る。したがって、ある意味において、映画を用いて法律を講じることは、伝統的なテキストを用いるよりも、より簡便でより生き生きとしたものなのである。

　映画を用いて教育をすることについては、その簡便性以外に、もう一つ、きわめて重要なことを指摘することができる。それは、映画は、かなりの程度、中国の現在の法学教育の欠陥を補いうるということである。法律は、表面上、徐々に、一般人にとっての親和的・直観的な関心を喪失しつつある。知らず知らずのうちに自らの独特の審美的な性質と価値を遮蔽してしまっている。これによって、法学部の課程は、無味乾燥のものと化してしまっているのである。私は、次のように考えている。理性的ではあるが重苦しいイメージの法律と多彩でロマンチックな映画とを結びつけることにより、法学教員は、より生き生きとした双方向的な教学の方法を利用して、学生に法学の知識を伝授することができ、また、法律の制度および理論について、学生がより広く、より深く、より自発的に思考・討論するよう導くことができるのではないか。さらに、もしも私たちが、法学部の学生や法律関係者に法的問題の倫理的意義や思考者自身の政治的立場といったことまで意識・思考させたいと望むのであれば、映画はこの上ない材料を提供する。というのも、映画は、往々にして、具体的で、生き生きしており、かつ典型的で、観衆の倫理意識や共感に直接訴えるものであるからである。

　このような考えから、私は、教壇に立って以来、これまでずっと、映画を基礎、材料、媒介として、法律を教授してきた。法学部以外でも、「映画の中の法律」という名の一般教養の科目を開講し、全学の学生に選択履修を開放した。私の科目を選択履修した学生の熱意は私の想像を超える

もので、ある年度には、1つの学期で2コマの授業を開講して、学生の希望に応えざるをえないこともあった。

　私の毎回の講義は、「映画情報（映画信息）」、「映画ストーリー（映画故事）」、そして「法律学習コーナー（法律学区）」という3つの部分から構成される。

　1つめの「映画情報」では、通常、映画のプロデュース、製作等の情報を説明し、加えて、関連する若干の法律の論点を指摘している。それにより、学生が一目瞭然に映画の中の法的問題についてある程度把握できるよう手助けし、同時に、学生に映画鑑賞の中で思考すべき法的問題を提示するのである。

　2つめの「映画ストーリー」では、映画の関連の内容を集中的に紹介している。その中の「劇情回顧」では、鑑賞者が映画の物語の大筋と登場人物を復習できるようにし、その後の討論の便宜を図る。「法律情景」では、映画の中の法律に関わるシーンや登場人物の会話を再現し、学生に重点的に当該部分を考察させる。「真実案情」では、映画で語られた物語を実際の事件に重ねて説明したり、映画のストーリーの重要な背景情報について紹介したりする。そうすることで、学生により深く映画を理解させ、スクリーンの外の物語を気づかせるのである。このほか、この部分には、映画の中の法的問題についての「法理短評」も含まれる。この短評を通じて、学生は映画の物語の中に存在する法的問題について認識し、法律の制度と手続き、およびそれに投影された法理念と法文化を理解することが可能となり、法学者の映画に対する独特の解読を味わうことができるのである。

　3つめの「法律学習コーナー」は、映画の中の法的問題を深く掘り下げて探究したいという学生のニーズから設けられたものである。その中で、「法律概念」の部分は、映画の中の関連の法律専門用語の意味（および特定の法案や機構等、関連の法的問題や映画のストーリーの理解に影響をあたえる概念）について説明し解釈を加え、学生が映画の中の法律専門用語を正確に理解できるよう手助けをする。「深度討論」の部分では、引き続き「法理短評」の議題を取り上げ、映画の関連の内容と結びつけ、映画の中の法

制度および法理論の問題について、より深い学理的な検討を進めていく。

　キャンパス以外でも、私は、多くの法律映画上映サロン活動を組織・展開している。それらの活動では、毎回観衆が集まって、映画の中の関連の法的問題について討論している。このような映画サロンは、様々な市民社会組織と協力して開催することもあり、女性、労働者等、特定のグループに対して、関連する題材の映画を上映し、しばしば、学者を講評ゲストとして招いて、映画鑑賞の後、観衆といっしょになって意見交流（セッション）を行っている。

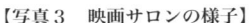

【写真3　映画サロンの様子】

　以上述べてきたような映画を用いて法律教育を行うという経験について、私は、「映画と法律」、「映画と人権」、「映画と法学の倫理情感教育」等を主題として、各種の研究会やワークショップにおいて研究者たちとの間で知見の共有を図ってきた。主要なものとして、大学人権法教員年次大会、アムステルダム大学オランダ・中国法律研究センター中国映画討論グループ（2011年）、スウェーデン西部大学人権法教員研修（2010年）、ヨーロッパ人権・民主イニシアティブ（European Human Rights and Democracy Initiative）中国死刑弁護弁護士研修プロジェクト（2004年、2005年）、武漢大学刑事法研究センター主催「死刑パブリック・フォーラム」の「死刑映画ウィーク」（2007年）等がある。これら知見の共有では、いず

れも会議出席者からとてもよい反応が得られた。とりわけ、人権法の教育に携わる教員たちは、学生が映画を「喜んで見聞きする」というこの方式が、講義の形式や内容をより豊かなものにするであろうと考え、積極的に私と人権映画の選択について検討するほどであった。

映画の法学教育に対する作用

このような長期にわたる実践の中で、私は、適切な映画は、法学教育、さらには公民（市民）の人格形成について、重要な役割を果たしうると確信するに至った。具体的にいえば、法律家を養成するには、かならず次の３つの要件を具えなければならない。すなわち、法律の学問的素養、社会的常識、法的道徳である。法律の学問的知識のみ具えていて、社会的常識を欠いていれば、時代の要請に適応することはできないであろう。法律の学問的知識があり、社会的常識を具えていても、法的道徳を欠いていれば、腐敗した官僚や政治家に堕するのは避けられず、法律家としても失格である。法律の学問的素養、社会的常識、そして法的道徳の３つを具備して、初めて法律家と称されうるのである。映画は、法学教育におけるこの３つの条件について、積極的作用を発揮しうるのである。

1　法学知識の学習に対する促進作用

一部の法学者の眼には、法律とは厳粛なものであるが、映画は幻想と激情の発展物であると映る。彼らは、大量の映画鑑賞は、法律理性の純潔度を損なうであろうと考えている。法学教員が学生に対して推薦する文献リストの中に、映画作品はほとんどみあたらない。総じて、法律法規の条文と学術的専門書との間を徘徊し浮遊することが好まれる。

人々がこのような現象を不思議に思うことはない。なぜなら、中国の現在の法学教育が踏襲するのは、大陸法系の教学の伝統であり、成文法典や法律の条文の学習に重きをおく。成文法典および膨大な法律の条文は、本来厳粛・荘厳な象徴として存在するものであり、それらと映画との差異はきわめて大きい。それゆえ、映画が、法学教育において重要な

役割を演じることは基本的にはありえない。しかしながら、もし、私たちがこのような偏見を打破し、映画を法学学習を促進する重要な一方法と位置づければ、法学教育に新しいユニークな窓を開くことになる。この窓を通じて、まったく新しい視点をもって、学生に対して法学の学習を促進することができる。

　まず、映画の芸術性は、法学教育に対して大きな助けとなる。私たちは、映画が芸術の一分野または分枝であることを知っている。芸術は、人々の情操を陶冶し、審美を修養するにあたってきわめて有益である。もちろん、ある人は、法律家にとっては、このような芸術鑑賞能力は大して重要ではなく、法学教育における比重を過度に強調すべきではない、というかもしれない。しかし、細部の意義の把握もなお法律家にとって必須の能力の一つであることを誰も否定はできないだろう。法律家は、細部の把握、細部の意義の解析に長けていなければならない。「声なきところに驚雷を聞く」ことが要求される。この点、映画作品に対する精読を通じて、一個人の内心の敏感度および細部の捕捉能力を訓練することができ、法律家としての判断力とバランス能力を増強することができる。少なくとも、芸術鑑賞能力を具えることは悪いことではない。通俗的にいえば、「芸は身を助ける」のであり、これは道理である。

　次に、上述した映画の芸術性の法学教育に対する作用のほかに、映画は、法律知識の学習に対しても援助・促進の作用を有している。なぜなら、映画のほとんどは、社会全体への深い関心配慮に満ちており、さらに、多くの映画作品が法治の問題に注目しているからである。たとえば、多くの映画が、法律上の訴訟を取り上げており、それら映画のクライマックスは、法的紛争で各方面の主張が対抗・衝突するという形で展開する。『レインメーカー（The Rainmaker）』、『12人の怒れる男（12 Angry Men）』等は、多くの法学部教員が法的問題を分析するにあたり用いる典型的な映画となっている。学生は、観衆として、映画鑑賞の中で、学習のための多くの材料と興味を得られる。一つ例を挙げよう。学生の多くが、警

察が「ミランダ警告（Miranda Warning）」[1]、すなわち、「あなたには黙秘権がある。あなたの話すことのすべては、証拠として法廷に提出されることがある……」と告知するのを初めて「目にする」のは、映画の作品を鑑賞する中でのことである。現在、各地の法学部は、臨床形式の教育を強力に推進しており、様々な模擬実習や実践の教学が隆盛をきわめている。この分野でも、映画が大きな価値をもつであろう。外国の臨床法学の教員の多くも、映画を用いて、学生に様々な弁護士テクニックを提示している。

　カフカ（Franz Kafka）は、かつて法律の学習をのこぎりをひいた後の木屑になぞらえ、法律学習の無味乾燥さを表現した。法律の条文、理論の単純な学習は、軽やかもものでも興味深いものでもない。法律と映画を結びつければ、法律の教学・研究を軽やかでおもしろいものとすることができる。映画を通しての法学教育が発揮するであろう効果は、単純な法律規則の教育とは比較にならない。したがって、私たちは、映画の法学教育に対する積極的作用を分析した後に、法学教育を映画の補助的作用と関連づけなければならない。私たちの試みはすでに次のことを証明している。すなわち、これは、生きた教学方法であり、往々にして人々に深遠かつ具体的な印象を残す。そして、抽象的な法律のターム、法律の枠組みの理解と掌握に有益であり、法学教育における法学知識の学習にとって、優れた促進作用を有しているのである。

　映画は、法律学習に新しい方法論を提供する。それは、叙事と解釈である。映画は物語であり、解釈可能なテキストである。法律家の視点で映画作品またはその登場人物の印象にあらためて解釈を加えることを通して、人々の前に提示されるのは、もはや教科書上の抽象化・概念化された法律ではない。それは、社会と生活の中の法律であり、具体的・直観的な法律であり、コンテクスト全体の中の法律である。このような法律の存在は、法律と一般大衆の生活との間の距離を近づけていく。

1　アメリカにおいて、アメリカ憲法修正第5条の自己負罪拒否特権に基づいてアメリカ連邦最高裁判所が確立した法的手続きの一つ。黙秘権、弁護人立会依頼権等の告知が被疑者に対してなされていない状態での供述は、公判で証拠として用いることができない。

2 社会的常識の蓄積に対する促進作用

　法律は、社会生活全体の一部分であり、真空の中に存在しているわけではない。法学は、社会生活において自給自足で独立した領域では決してなく、人類が努力して作り上げたその他の学問分野と分離して密封できるものでもない。「他山の石以て玉を攻むべし」。政治学、哲学、社会学、経済学等、法学と緊密に関連する学問分野の知識は、一人前の法律実務者の知識の一部分にならなければならない。ホームズ（Oliver Wendell Holmes, Jr.）裁判官は、その代表著作の『コモン・ロー（The Common Law）』(1881年)において、はっきりと、「法律の生命はロジックではなく、経験である」、「法律を知っているだけの人は、ただの愚か者にすぎない」と述べている。ここからわかるように、法律の学習は、ただ法律のみに着眼していては不十分であり、視野を広げ見聞を深めて社会全体を知らなければならない。相当程度の社会的常識と経験を具えて、初めて法律現象や法的問題をより深く理解でき、法律知識を真に習得できるのである。社会と関連を失った者が法律を習得することは不可能である。

　中国の法学教育は、大学からスタートする。つまり、法学部の学生は、大学入学試験に合格して大学に入学した後、そのまま、法学教育へと進むのである。法律に関連する職業が接触するのは、社会の様々な階層、異なる職業、異なる教育・文化水準の人たちであるため、仕事の内容はかなり複雑である。加えて、政治、経済、科学技術、思想、倫理、歴史、文化、民族、宗教等といった社会上の様々な問題に広範に関わっていく。ところが、高校を卒業したばかりの18、19歳の法学部の学生についていえば、彼らは、社会全体の中での様々な経験について、これから理解し蓄積していく状態におかれている。このことは、きわめて壮大なプロジェクトである。学生が法学教育に触れたばかりの時に、もし、よりよい導きがなければ、彼らは、複雑で煩瑣な授業を前にして、往々にして苦痛を感じ興味を喪失してしまうであろう。まさに、賀衛方教授が、中国の法学部教育について論じる際に述べたように、「高校卒業の18歳前後で法律の専門的知識の学習が始まる。学生たちは、彼らが学ぶこの分野の知

識と対応する社会関係について、真摯に観察したこと、体系的に思考したことがほとんどない。法律と社会生活との関連性について多少なりとも体験したこともない。それゆえ、学習の過程の中で、ただ、書物から書物をたどるだけであり、教員による知識の注入に満足し、法律を暗記の学問に変えてしまっている」[i]。この指摘の点こそが、私たちの現在の法学部教育の現状なのである。したがって、私たちは、別のルートから社会を理解させる必要がある。もちろん、私たちは、社会体験に直接参加することで、社会経験や社会に対する認識を獲得することができる。しかしながら、私たちが、授業本来の負担が重い学生に、様々な社会の現実生活をいちいち体験するよう要求することは、あまり現実的ではないしその実現可能性も低い。この点、映画作品は、私たちに社会を理解する機会を提供する。それは、社会的常識や社会経験を蓄積するとてもよい方途なのである。

　映画作品は、本来、社会的常識や社会経験に根ざしているものである。それは、映画監督自身の体験であったり、社会に対する見方や理解であったりする。映画作品の中で、私たちは、自らいまだ足を踏み入れたことのない世界へ入り込むことができる。ちょうど法学の学習を始めたばかりの学生にとっては、多くの社会常識の具備は、自ら体験して得るものではなく、多くの間接的媒体の作用・効果を通じて理解・把握するものである。もちろん、ここで、私は、映画を観ることが自ら社会実践生活に代替しうるものであるというつもりはまったくない。もし、そうであれば、本末転倒である。

3　法学教育における法律倫理教育に対する作用

　近年、中国において、法律倫理学（法曹倫理学）に関する議論が徐々に増えてきている。法学教育者たちは、法律倫理教育は、法学を学習する者にとってきわめて重要な作用を発揮することを意識し始めている。法律は、社会正義の天秤を掌握し、社会正義の剣をつかさどる。実際には、法律そのものが、能動的に社会正義を擁護することはできず、この任務は最終的には人に結実する。換言すれば、最終的に人が法律を操るので

ある。ある角度からいえば、法学教育は実際には一種の職業教育である。なぜなら、それは、社会正義と密接な関係にあるからである。法律実務者は、良好な職業道徳および品行を具えなければならない。さもなければ、法律に精通している人ほど危険な存在ということになる。彼らが、法律を操って私利をむさぼり、社会正義を破壊すればするほど、社会に対する危害も増大していくからである。

ポズナー（Richard Allen Posner）は、『法と文学（Law and Literature）』（2009年）という著作の中で、法律家に対する文学教育の問題について提起している。その理由は、文学は道徳感の強い人を養成し、洞察力と感受性に富んだ人を作り出すことができるという点にある。文学は、人を深遠に、人を崇高にすることができる。「これらは、ただ法律のみを通じての専門的訓練では、到底得られないものである」。真、善、美は、無数の文学作品が共通して追求する目標であり、それはまた映画が追求する目標でもある。映画作品では、至るところで社会生活に対する眼差しが体現されている。それは、映画監督や映画制作者の倫理道徳、価値指向に対する関心や思考を反映したものなのである。これら映画を鑑賞することで、私たちは、これら倫理道徳や価値指向の問題についてより深く思考することが可能となる。とりわけ、多くの法に関係する映画作品は、正義の尊崇と称揚、勧善懲悪の追求を体現している。これらは、法学教育における学生の法律倫理と職業道徳の形成と堅持について、重要な意義を有している。

このほか、映画作品は、それ自身の特性をも具えている。すなわち、映画作品は、倫理道徳、価値指向および正義の称揚をより生活感に富み親近感を具えたものにし、人々の心の中で共鳴を呼び起こす。映画という方法を用いて抽象的な法律正義を明確にすれば、それは法学や哲学という方法よりもより容易に人々に理解・認識されやすい。そして、それは、人々の高尚な信念や情操を鼓舞していく。なぜなら、映像化された法律正義は、より社会化・生活化し、情緒に富んだものであるからである。

したがって、映画は、法律家がヒューマニティ（人間性）をよりしっかりと理解・把握することを手助けできる。そして、より重要なことは、

それが、法学教育における法律倫理教育に対しても促進作用を有していることである。映画は、法律家としての信念を作り上げ、知らず知らずのうちに、法律倫理の形成と維持を促進し、最終的には、司法の価値観に影響を与えうる。映画と同様に、法律も終局的には人への配慮、とりわけ弱者への配慮を体現するものである。そして、正義は、法律の価値追求でもある。法律も、人がどのような生活を送るかについての探求と理解である。この分野において、法律と映画は同じ価値指向を有している。方法は違うが目的地は同じといえる。

中国の学生は『それでもボクはやってない』をどう観たか？

『それでもボクはやってない（嫌猪手事件簿）』について具体的にいえば、私がこの映画を授業で上映することで、学生たちは、みな、日本の刑事司法制度を全面的かつ正確に理解することができた。周防正行監督は、映画の中で、ある事件を見事に再現していた。すなわち、彼は、司法権力はしばしば濫用される危険性があること、裁判官が事件を目の前にした時の悩み、日本の保釈制度等を私たちにわかりやすく示してくれた。映画の中の細かい点、たとえば、法廷においてどのように未成年のプライバシーを保護しているか等は、私たちに、日本の司法制度について感性による理解へと導いてくれた。

　私の授業では、映画を観終わった後、学生たちからとても興味深いリアクションペーパーを回収した。彼らは、一様に、「日本もこうだったの？」と記していた。というのも、中国人は、自国の司法に対して批判することが多いからである。中国の法治はまだまだ立ち遅れているが、他方で、日本では憲政を実施してから長い年月が経っており、日本の法治は発達しており健全なものであるにちがいない、と思っている。『それでもボクはやってない』という映画は、私たちに、公権力の濫用に直面した時、個人の権利は国家権力の前でとてもはかないものであることを理解させた。この問題は、万国共通の問題であり、それぞれの国がともに試されているのである。

以上をまとめれば、映画を用いて法律を講じることは、前途有望で有意義な教学方法なのである。映画を用いて法律を講じることは、形式を活発なものとするが内容の厳粛さを失わせず、素材を生き生きとしたものとするが論理の深遠さを失わせない。それは、真に映画と法律、詩性と理性の融合を実現させるのである。適切に実施すれば、法律家にあらためて愛について考えさせ、冷徹な法律の論理の中で故きを温めさせることができるであろう。温故は、法典の筆数よりも数千倍もきめ細やかな情感にあふれ、法律家を再び人文の世界へと回帰させるであろう。

i　賀衛方「法律教育向JM教育的転向」『人民法院報』2002年5月10日。

【参考文献】

・Paul Bergman & Michael Asimow, Reel Justice: The Courtroom Goes to the Movies (2nd ed.), Kansas City: Andrews McMeel Publishing, 2006.
・Steven Greenfield, Guy Osborn, Readings in Law and Popular Culture, Abingdon: Routledge, 2006.
・Leslie J. Moran, Emma Sandon, Elena Loizidou, Ian Christie, ed., Law's Moving Image, London: Glass House Press, 2004.
・Richard H. Weisberg, The Failure of the Word: Protagonist as Lawyer in Modern Fiction, New Haven: Yale University Press, 1989.
・財団法人民間司法改革基金会主編『看電影学法律』（台北：元照出版公司、2002年）。
・徐昕主編『影像中的司法』（北京：清華大学出版社、2006年）。
・許身健＝劉暁兵編著『電影中的律師職業倫理』（北京：知識産権出版社、2009年）。
・張万洪＝程騫主編『繽紛法影──美国電影中的法律』（北京：法律出版社、2012年）。

比較研究が浮き彫りにする
"香港人アイデンティティ"

トレーシー, C.S.ラウ（香港バプティスト大学教員）
トニア, K.C.チョン（香港バプティスト大学プロジェクト助手）
阿古智子訳

はじめに

　本稿の主な目的は、香港、台湾、中国大陸、日本で行われた「中国」をめぐるアイデンティティの研究に関して、香港でどのようなデータ収集を行ったかを説明することである。「中国」をめぐって人々がどのようにアイデンティティを形成しているのか、学校、家庭、コミュニティ、サイバースペースなどさまざまなコンテクスト、情報や価値の交換に、どのように影響されてアイデンティティが形成されているのかを考察する。個人のアイデンティティの形成は非常に複雑であり、注意深く柔軟な分析枠組みを必要とする。研究の過程においては、研究の対象をしぼりこまなければならない。本研究の最終的な目標は、さまざまな中国人コミュニティにおける中国をめぐるアイデンティティの形成に関して、特に市民としての感覚を比較検証することである。

　私たちは本研究プロジェクトにおいて、日本の映画『それでもボクはやってない』を題材として使い、香港の学生のデータ収集を担当した。映画は痴漢の疑いで逮捕され、裁判にかけられた一人の日本人男性を描いたものである。このケースは冤罪の可能性がある。家族、友人、弁護士、さまざまな市民団体が彼の無実を証明しようと証拠集めに奔走するが、この冤罪を証明する取り組みは既存のシステムにおいては異例であり、協力しない者も少なくなかった。映画を見た学生たちは、日本の司法制度、

刑事訴訟の手続き、市民社会の活力、そして、多くのアジア社会に共通して見られる隠された倫理的なタブーについて理解することができた。

　研究対象者から情報を収集するために、質問票が研究のツールとして使われることが多いが、質問票は必ずしも統計分析を行う量的手法のために設計しているわけではない。質問票は1838年にロンドンの統計学会で開発され（Gault, 1907）、当時の質問票の複製が統計学会の学会誌（Royal Statistical Society, 1838）に掲載されている。質問票調査は、口頭で行う調査や電話での調査より容易に行うことができ、標準化された回答をデータ化しやすい。しかし同時に、標準化された回答は研究者を困惑させることもある。質問票調査は、回答者が自分で質問を読んで答えなければならないという制約もある。そのため、対象とするグループによっては、質問票調査では具体的な回答を得られないということもある。こうした質問票調査の欠点を補うため、回答者の規模が小さい場合は、研究チームのメンバーが現場に残り、回答者の声に迅速に対応し、説明を加えることもある。

　私たちはまず、映画鑑賞中の学生たちの様子を観察した。その後、学生たちに、プロジェクト本部が設計し、香港の状況に応じて修正を施した質問票に記入してもらった。香港の研究チームは、香港バプティスト大学の「人と動物を対象とする教育と研究に関する委員会」の基準を満たすことを証明する事前の手続きを行い、調査実施の承認を得た。これにより、研究に参加した人たちの権利と福利を守ることができる。また、英語と中国語の研究計画及び質問票を作成して研究対象者に見てもらい、研究対象者の研究に参加する意志を確認し、それを文書に保存するため、中国語と英語のそれぞれ2通の同意書に署名してもらった。研究対象者は同意する前に、自らが本研究にどのように関わるのか、自分にとってどのようなリスクが起こり得るか、予期せぬことが生じた場合はどのように対応するかなどを考えなければならない。研究対象者にこれらを説明する時に使う言葉は分かりやすいものでなければならない。すべての学生が同意書にサインし、研究プロジェクトに参加した。教員は研究プロジェクトに参加せず、授業だけに参加することも可能だと説明したが、

すべての学生が自主的に授業と研究プロジェクトの双方に参加した。多くの学生が、研究プロジェクトに参加し、他の国の人たちと考えや感じ方を分かち合いたいと考えている。

　まず最初に、学生たちには、法、制度、国家、国民、市民権、人権などに関する質問に解答してもらった。これは、学生たちのこうした概念に対する知識や意識を把握するためである。中国語と英語の質問票を準備したが、誰も英語の質問票を選ばなかった。質問票を記入する際には他の人と話し合ってはならないが、わからないことがあれば、教員に質問してもよいと伝えた。

　質問票に記入した後、以下のテーマで学生たちに討論させた。

・容疑者と被告人の権利と扱い
・映画の中と現実における証拠収集のプロセス
・アジア社会におけるセクシャルハラスメント
・裁判官、検察官、弁護士
・家族や親戚、友人、市民社会など全体的な反応

　質的調査において、グループディスカッションがデータ収集の手法としてしばしば採用される。グループのメンバーは製品、サービス、コンセプト、広告、アイデア、包装などについての見方、意見、信条、態度などをたずねられることもあるし、今回の場合は、法の手続き、概念、市民社会の相互作用に対する見方を通して、中国をめぐるアイデンティティの捉え方を考察する。ディスカッション参加者は、制限なく、自由にグループのメンバーに意見を述べることができるようにした。ディスカッションの音声は録音し、文字起こしを行い、記録として残した。

比較研究の手法：研究の全体像

　本研究は活動を行った後でデータを収集するという手法を採用している。つまり、学生に映画を見てもらった後で、データを収集した。収集

したデータは比較研究の手法で分析した。比較研究では、国や文化をこえて比較を行うが、そこで問題になるのが、国や文化によって使用する概念やその定義が異なるということである。比較の基準は、研究者が自身について測る尺度によって決まる。例えば、死亡率、罹患率、学生の成績、十代の出産などから、「成功」に関する基準を考えることができる。比較研究の手法は、これまで長らく、さまざまな社会における相似点と相違点を見出し、分析し、説明する異文化の研究に活用されてきた。比較研究は2つ以上のものを比較し、そこから何らかの発見を得ようとするものであるが、複数の学問領域の手法を活用することが多い。つまり、比較研究において、この学問的手法を用いなければならないという制限はないと理解されている。学際的なアプローチによって、柔軟性が担保され（Shryock, 2016）、社会・文化的差異や特異性を考察し、説明するための分析枠組を得ることができるのである。異なる社会、構造、制度をよりよく理解する手法として、コンテクストに応じた分析と国際比較に重きが置かれている（Hantrais, 1995）。

　本研究は主に、市民教育、歴史、語学、法学教育、学生会の活動、政治科学、家庭でのコミュニケーション、コミュニティ、ボランティア活動、非政府組織による人権教育、抗議や陳情、その他の自己表現、公共の問題に関するサイバースペースの反応などに注目する。

　私たちは、観察、インタビュー、アンケート調査を組み合わせてデータを収集した。これらの手法にはそれぞれ強みと弱みがある。観察では、調査対象者が何を行っているかを直接見ることができる。参与観察を行うなら、直に経験を通じて情報を収集することができ、何が生じていて、生じていないかを明確にできる。しかし、調査対象者は、自分が観察されていることに気づくと、それに反応し、いつもとは違う行動をとるかもしれない。また、観察の結果は、調査者の個人的な偏見や特定の意識に影響を受ける。また、分散する大人数を対象にする場合は、観察の手法は用いることができない。さらに、観察は質問票調査や実験よりもコストがかかる。

　本研究では、対象とする学生の問題意識を大まかに把握するため、ア

ンケート調査を実施した。アンケート調査は、研究対象者の意図や考え方を読み解く情報を提供してくれるだけでなく、データの意味を明確にしたり、確認したりするのにも便利である。しかし、アンケート調査には、限られた内容しか入れられないという短所もある。一部の項目にしか答えないという回答者もいるだろう。回答者は、社会の期待に応じた姿勢を見せようと「観察反応」(reactive effects)[1]を見せるかもしれない。

　私たちは、こうしたアンケート調査の欠点を補い、回答者の態度や見方をよりよく理解するために、インタビューを行った。インタビューは高い回答率を維持することができるが、個別インタビューは時間も費用もかかる。回答者が重要な情報を忘れたり、匿名性を主張したりするかもしれず、データの分析に時間がかかるということも、考慮しなければならない。

　本研究は香港に住む中国大陸と香港出身の学部生および大学院生を対象としている。なお本研究は、香港バプティスト大学の研究チームが担当した。

香港と日本の司法制度の差異
：香港（コモンロー）vs 日本（大陸法）

　本研究では、香港と日本の異なる司法制度についての学生たちの見方を扱うため、まずは制度に対する基本事項を確認しておきたい。

　日本の司法制度は世界のさまざまな制度を参考にしてつくられたが、大陸法に強く影響を受けている。香港の法制度は英国の判例法（コモンロー）に基づいている。

　コモンローは伝統や慣習、先例に基づく裁判の判例に即して発展してきた。裁判官は判例を適用して判断を下す。つまり、英米法において裁判官は非常に重要な役割を果たす。コモンローの下では、裁判官が被告人と検察官に真相を明らかにする機会を十分に与えることが、正義を達

1　観察されていると自覚することによって日常とは異なる反応を示すこと。

成するために重要なポイントとなる。法律の訓練を受けていない一般市民が陪審員を務め、事実を認定する作業を行う。裁判官は陪審員の評決に従い、適切な判決を下す。

　一方、大陸法システムを採用する国では、すべての法の規定が成文化されており、刑法や民法など、それぞれの分類において法律が制定されている。訴訟法が実体法をどのように具体的事件に適用するかを規定し、刑法が刑罰を定める。大陸法システムでは、裁判官が、公訴事実が刑罰法令に触れるかを判断し、判決を下す役割を担う。訴訟における裁判官の権限は大きいが、裁判官はあくまでも成文化された法の規定に従わなければならない。大陸法においては、裁判官より、法律を制定し、解釈する議会や法学者の判断が重要である (The Robbins Collection, 2016)。

　コモンローにおいて裁判官は先例に基づき裁判を行うが、対立する当事者間の仲裁役を担い、検察官と被告人の弁護人の間に立って審判を行う。大陸法では、一般市民から選出された参審員と裁判官がともに評議を行い、事実認定と量刑判断を行う。大陸法でのこの一連の手続きは、コモンローのシステムよりも厳格である (Syam, 2013)。

　コモンローでは、陪審員は一般人から選ばれる。裁判官は排除され、弁護士が選ばれることもほとんどない。米国以外では、ほとんどが刑事訴訟に限って陪審制度が適用されている。大陸法では、参審員の意見は必ずしも全員一致しなくてもよい。参審員は刑事訴訟にのみ参加し、民事訴訟には関わらない。裁判官は参審員が感情に流されて判断しないように配慮する。

　コモンローでは、弁護人は対立的な役割を担う。弁護人は証人に尋問し、証拠を請求し、収集した証拠に基づいて訴訟を進める。大陸法では、弁護人ではなく裁判官が尋問し、証拠を請求する。弁護人は裁判所が見つけた証拠に基づいて主張を展開する。

　コモンローでは、証拠の採用は検察官あるいは被告人である訴訟当事者が効果的に主張を述べるために必要不可欠である。米国の司法制度では他の司法制度より、訴訟当事者の自由度は高い。一方大陸法では、弁護人でなく、裁判所の独立した権限において証拠を請求する。裁判所の

権限を奪うようなことがあれば、制裁が科されることもある。

「コモンローと大陸法の伝統の差異は、今日の法体系にも見いだすことができる。コモンローでは法令を広く使用するが、判例が法の最も重要な要素を構成するため、裁判官がルールを構築する上で積極的な役割を果たす。例えば、殺人罪の構成要素は法令よりも、判例に基づいて判断される。一貫性を確保するため、裁判所は上級裁判所が出した同類の訴訟の先例に従う。一方、大陸法のシステムでは、規則や法規が全ての問題をカバーできるようにデザインされており、裁判官が個別のケースにおいて法を適用する権限はより限られている。判例はおおよその参考にされるだけである。法廷における裁判官は、大陸法システムにおいては捜査官役を、コモンローのシステムでは当事者間の仲裁役を担う。大陸法の司法制度は明確に成文化されており、コモンローシステムより安定しており、公平だと主張する者もいる (S.B., 2003, online version)。

参加学生の経歴

本研究の対象は教員養成課程・教養教育コースの学部生である。教養教育は香港で2009年に新たに導入された高校のカリキュラムにおける4つの必修科目の1つで、2012年の大学入試で初めて受験科目となった。教養教育はDSE試験 (Diploma of Secondary Education：中等教育卒業資格試験) の主要な科目で、幅広い問題の学習を通して学生の基礎的な知識や社会的な意識を高めることを目的としている。社会や世界の重要なテーマに焦点を当てるカリキュラムの内容で構成しており、学生たちがさまざまな領域の知識に触れ、視野を広げられるように配慮している。学生の生涯学習の能力を強化し、将来直面するかもしれない試練に自信をもって立ち向かう力を身につけさせることも意図している。

科目は「個人の発展と対人関係」「香港研究」「現代中国」「グローバル化」「公衆衛生」「エネルギー技術と環境」の6単位で構成されている。必修科目としたのは、学生たちに21世紀の香港社会が直面する主要な問題を理解させるためであり、学生たちが批判的な思考をもってこれらの問題に

ついて十分に理解し、批判的な判断ができるようにと考慮してのことである。しかし近年、香港で活発に学生運動が行われているのは、教養教育の導入によって学生たちが政治に関心を持ち、地方（香港）と中央（中国大陸）の問題を積極的に捉えるようになったからであり、政府の仕事に影響を与えていると批判する専門家もいる。しかし、チューとリーは、批判は教養教育に向けられるべきではなく、多くの学生は社会情勢を理解することもなく民族主義的になっているのではないと述べている（Chiu & Lee, 2015）。

データ収集中に行われた雨傘運動

　データ収集の最中に香港では「雨傘運動」が行われていた。この運動は、2014年の抗議デモをきっかけに緩やかに組織された民主化運動である。「雨傘」という名前は、香港政府に対する反抗と抵抗のシンボルであり、8月31日の全国人民代表大会常務委員会（全国人大常務委員会）の決定に対する市民の一致団結した反対を示すために使われた。2014年9月26日から12月15日、座り込みの抗議が行われたが、2017年から1人1票の「普通選挙」が導入される予定であった香港の行政長官選挙について、全国人大常務委員会は、行政長官候補は指名委員会の過半数の支持が必要であり、候補は2〜3人に限定すると決定した。全国人大常務委員会の決定は、中央政府の意に沿わない人物の立候補を事実上排除する方針だとして、9月28日、香港専上学生聯会（学聯）や「和平占中（オキュパイ・セントラル）」などが主導するデモに数多くの人たちが参加した。

データ収集

　中国の台頭を前に、香港の人々は国家に対する複雑な意識をもつようになった。本研究は学生たちが「自己」（我々：in-group）と「他者」（彼ら：out-group）の範囲をどのように捉えているのか、学びの中でどのようにナショナルプライド（national pride）や自国中心主義（ethnocentrism）を表

現し、グローバル社会、地域社会、国際社会、国家、文化、民族などに関わるアイデンティティを形成しているのかを考察する。欧米の市民教育プログラムでは、「行動的シティズンシップ」や「市民的不服従」が注目されているが、香港で学ぶ学生たちの価値観や態度はどうであろうか。欧米で発展したこれらの概念が、中華圏の分析に適しているのかを考えなければならないし、香港、台湾、中国大陸、日本における相違点と類似点を分析することも有効であろう。

　本研究のもう一つの目的は、さまざまなグループを比較することである。比較の手法は、死亡率、罹患率、学業成績、十代の出産などの先行研究で効果を発揮してきた。データ収集のプロセスにおいて、質問票の設計の仕方について意見を述べる学生もいたが、中国大陸で使用した質問票とほぼ同じ内容のものを使用した。

1　アンケート調査

　アンケート調査に記入する際、学生たちは以下のような反応を示した:

- ・大多数の学生が質問票の「中国人」や「中国大陸」を「香港」に修正することを望んだ。
- ・数名の学生が、「中国人」として、「香港人」として、別々に回答をしたいと述べた。
- ・多くの香港の学生が中国大陸の状況についてあまり関心がなく、中国社会について知っていることはほとんどないと述べた。

　法学部の学生は法に、教育学部の学生は教育により焦点を当てるというように、所属する学部によって学生の関心は異なるだろうと私たちは考えた。今回参加した教養教育コースの学生は、社会における相互作用や市民権に対する考え方、国家・ローカルアイデンティティの問題に関心を持っている。

　大多数の学生が香港アイデンティティを強調し、質問票の修正を提起したのは特筆すべきことであろう。香港アイデンティティと中国アイデ

ンティティのそれぞれについて、質問票に回答したいという学生もいたが、彼らは中国大陸からの移民だ。香港の人口増加は主に中国大陸からの移民によるものであり、1997年に香港が中国に返還されて以来、中国政府が通行証を発行し、87万9000人が中国大陸から香港に移住した。通行証は中国大陸を離れて香港・マカオに移住する者に発行される。香港の人口は2015年に730万人、そのうち12%が大陸からの移民が占めると予測されていた（高度人材・投資計画で入境する者を除く）。大陸出身者を香港のセーフティーネットに入りたいだけの不労所得者と見る者もいるが、そうした見方は不公平であり、現実はそうではない。例えば、香港に移住してきた学生は大学には簡単に入学できない。大学入試の競争は厳しく、香港紙『サウスチャイナモーニングポスト』の統計によると、2013年に合計8万2283人がHKDSE（香港中等教育文憑考試。この試験の結果が高校卒業資格の認定に使われ、大学入試・就職の際の学歴証明にもなる）を受験しているが、そのうち2万8418人（2012年比で7%増）が、助成金が給付される1万5000人の入学枠に入るのに最低限必要な点数に達した。つまり、1万3000人以上は学費の全額・半額を負担して大学に入学するか、他の教育機関で学習しなければならないということである。私の授業に参加している中国大陸から移住してきた学生も、入学後に相当な努力を払っており、英語力を高めるだけでも香港の学生以上に多くの時間を費やさなければならない。

　質問票に回答する際に、地元香港の学生の多くが中国大陸についてほとんど理解していないことを認めたが、そのような自らの「限界」を変えようという気持ちはなく、「無知」を残念だとも、恥ずかしいとも思っていないようだった。むしろ、香港のシステム（一国二制度）に即した質問票を作るべきだと主張する者さえいた。実際に、中国人と香港人の区別などは、質問票の修正が必要であった。筆者は、学生たちが中国大陸に対する「無知」を素早く告白したのは、一種の「故意の無知」（willful ignorance）であると考える。故意の無知とは、自分が考える現実と矛盾する感覚的インプットを無視する状況や行為のことである。心の奥底で

確証バイアスに影響されているのである。ある事柄について知らないという意味での「無知」とは異なり、故意に無知を装う人々は事実や情報源を完全に把握しているにも関わらず、それを認めようとしない。実際に誰かを「無知だ」として蔑視すべきではないが、故意で意図的な無知とは完全に異なる。学生たちがこのような反応を見せたのは、彼らの優越感や偏った見方が関係しているのだろう。

2　グループディスカッション

　第二部はクラスでのディスカッションだ。香港は中国の一部だが、「一国二制度」の下にある。そのため、学生たちは司法制度より、市民社会により多くの関心をもっていた。学生たちはセクハラに関わったさまざまな人々の反応、容疑者の扱い、司法手続き、裁判官、検察官、弁護士の役割に関心をもっていた。

　学生たちは日本よりも、中国大陸と中国の司法制度の違いに関心を持っていた。学生たちは雨傘運動が始まると、運動の影響によって司法が破壊され、自らの将来の教師としてのキャリアに悪影響を及ぼすのではないかと心配していた。

　市民社会についての議論では、ソーシャルメディアがディスカッションの焦点となった。調査によると、香港におけるソーシャルネットワークの浸透度は非常に高いという。2015年の第4四半期には、人口の66%が何らかのソーシャルネットワークのアカウントを持っていた。もっとも人気のあるプラットフォームはフェイスブックで所持率は人口の50%を占めた (The Statistics Portal, 2015)。香港の人々はより効果的にソーシャルメディアを使おうとしており、若者だけでなく、中年層もソーシャルメディアにファイル、動画、写真を投稿したり、面白いものを外で発見したら、動画を撮影したりしている。YouTube、フェイスブック、ツイッターなどは日常的に「友人」（多くは実際には会ったことのない人たち）の間でシェアされ、さまざまなグループにつながっている。映像イメー

2　仮説を検証するのにそれを支持する情報ばかりを集めようとする傾向。

ジやアイデアは素早く伝えられ、私たちのディスカッションにおいても、時に誤解や偏見に満ちたコメントがなされていた。ソーシャルメディアがいかに学生たちに幅広い影響を与えているのかがわかる。

おわりに

　データ収集を行っている最中に、香港では雨傘運動が行われていた。これは学生の反応に大きな影響を与えた。学生たちはさまざまな形で雨傘運動に関わっていたからだ。一般的に、雨傘運動に参加していない学生に対して圧力をかける傾向が見られた。討論において、学生たちは雨傘運動に対する関心と懸念を示し、ナショナルアイデンティティとローカルアイデンティティを強く意識し、制度の違いに関心を寄せた。特に、映画で描かれていた日本社会についてよりも、中国大陸と香港の違い、市民社会の状況に注目していた。そして何よりも、香港社会における意見の一致と価値規範について関心を持っていた。

　私たちは分析と観察を通して、学生たちの一部の反応は「インシデントレスポンス」（incident response：セキュリティの不正なアクセスや攻撃への対応）であると考えた。香港の混乱は選挙に対する北京の決定が引き起こしたものであったが、この研究によって、学生たちは自分のナショナルアイデンティティとローカルアイデンティティを強く意識していることがわかった。政治的独立の支持者はごく少数にとどまるが、圧倒的多数の若い香港人が植民地時代と比べて国家（「文化的国家」についても）を意識しなくなり、大多数の若者が香港人としてのアイデンティティを強く認識している。これらの進化が北京の「信頼」を得ることはないだろうが、香港人は普通選挙権を認められれば、「適切な」投票を行うだろう。

　社会の奥底を見れば、香港における対立の原因は、最近の新疆、チベット、台湾で起きている大規模な社会的緊張とそう変わらないと私たちは考える。これらの緊張は北京（中国政府）との政治的闘争という側面だけでなく、中国の新しいアイデンティティ危機とグローバル化の矛盾としても捉えるべきであろう。香港の多くの人々は、香港アイデンティティ

は「中国大陸化」あるいは「中国化」の波に晒され、アイデンティティ危機
に直面していると感じている。

　中国化は、非漢民族の社会が漢民族の国家と社会に影響されるプロセ
スと考えられる。その影響の範囲は文字、食事、経済、産業、言葉、法律、
ライフスタイル、衣服の選択、政治、宗教、技術、文化、文化的価値観
にまで及ぶ。中国化は、中国との歴史的・政治的関係に基づく文化的適
応や同化に関する政策、近接する文化に対する中国の文化的帝国主義と
捉えられる。これは漢字の書き方など、東アジア文化圏の韓国、ベトナム、
台湾、日本の歴史にも反映されている。大陸化は、香港ではなく中国大
陸の価値観や規範が徐々に受け入れられる過程のことである。中国大陸
から香港への大量の新移民の流入によって、不動産価格は高騰し、多く
の香港人が不動産を購入できなくなっている。日常の生活コストも上昇
している。多くの観光客の到来で香港は混雑している。これ以上、融合
が進んでいけば、香港の生活スタイル、香港のアイデンティティ、香港
人が中国大陸と香港を区別する上で重視してきた香港の特徴が失われる
と心配する人たちもいる。

【参考文献】

・Chiu, S. and Lee, T. (2015) "Liberal studies helps open minds, rather than
creating radical stu-dents", South China Morning Post, Accessed 6 June
2016 <http://www.scmp.com/comment/insight-opinion/article/1768542/
liberal-studies-helps-open-minds-rather-creating-radical>.

・Gault, R. H. (1907) "A history of the questionnaire method of research in
psychology" Research in Psychology 14(3): 366–383.

・Hantrais, L. (1995) "Comparative Research Methods", Social Research
Update 13, accessed 6 June 2016 <http://sru.soc.surrey.ac.uk/SRU13.
html>.

・Royal Statistical Society (1838) "Fourth Annual Report of the Council
of the Statistical Society of London" Journal of the Statistical Society of

London 1 (May, 1838): 5-13.

- The Economist (2013) "What is the difference between common and civil law?", The Economist explains, accessed 6 June 2016 <http://www.economist.com/blogs/economist-explains/2013/07/economist-explains-10>.
- The Robbins Collection (2016) "The Common Law and Civil Law Traditions", School of Law, The University of California, accessed 6 June 2016 <https://www.law.berkeley.edu/library/robbins/CommonLawCivilLawTraditions.html>.
- The Statistics Portal (2015) "Penetration of leading social networks in Hong Kong as of 4th quar-ter 2015", The Statistics Portal accessed 6 June 2016 <http://www.statista.com/statistics/412500/hk-social-network-penetration/>.
- Shryock, A. (2016) "Editorial Foreword", Comparative Studies in Society and History 58(2):285–289.
- Syam, P. (2013) "Major Differences between The Japanese and American Legal Systems", @WashULaw, accessed 6 June 2016 <https://onlinelaw.wustl.edu/blog/major-differences-between-the-japanese-and-american-legal-systems/>.
- SCMP (2013) "Two students for every place at university as competition in Hong Kong tightens", SCMP accessed 6 June 2016 <http://www.scmp.com/news/hong-kong/article/1282794/more-hong-kong-students-chase-university-places-year>.

刑事司法と立憲主義を考える

石塚迅（山梨大学教員）

法学の授業で映画を教材に使う

　日本では、多くの大学・短期大学で、「法学概論」、「法学概説」、「法学入門」といった科目が開設されている。これら科目は、「全学共通科目」、「一般教養科目」という形で大学の全学生に向けて開講されていることもあれば、特定の学部（多くの場合、法学部）の学生のみを対象として開講されていることもある。

　法学部の場合、これら科目は、その後の「憲法」、「民法」、「刑法」等の専門科目へ進むにあたっての導入科目・入門科目として位置づけられる。それゆえ、「詳しいことは『○○法』の授業で学習します」といった「先送り」の方法をとることが可能である。また、これら科目はおそらく法学部では必修科目に指定されているはずであるが、そもそも学生たちは法律を学びたいから法学部に入学しているのであり、その動機からして学生たちの履修意欲はそれなりに高い。

　これに対して、法学部以外の学部の場合、あるいは全学共通科目としての位置づけの場合、状況は大きく異なってくる。まず、その先の専門科目が存在しないか、きわめて少ないため、15回の授業（半期）、あるいは30回の授業（通年）で完結するような授業計画をたてなければならない。また、興味関心や問題意識をもって授業に臨む学生ももちろんいるにはいるが、単位をそろえるためだけに履修するという意欲の低い学生も少なくない。「法学概論」等が何らかの事情で必修科目に指定されているような場合、「興味関心はないが、必修なので仕方なく履修し仕方なく授業に出席する」多くの学生を教員は相手にすることになる。教職課程必修科

目の「日本国憲法」（『教育職員免許法施行規則』第66条の6参照）はその典型例である。

　後者の学生に「法学概論」や「日本国憲法」をどう教えるか、多くの教員は頭を悩ませている。私は、2001年に初めて大学（短期大学）の教壇に立つことになったが、「日常生活と法」（前期）、「日本国憲法」（後期）という担当科目においてこうした学生に相対することになった。法（学）は堅苦しい暗記科目ではない。中学校・高校の先生が大事だといっていたから、教科書で太字になっていたから、大学入試に出題されるから、「覚える」のではなく、何が大事なのか、なぜ大事なのか、を自分の頭で「考えて」ほしい。社会を構成する「市民」として法を身近なものとして意識してほしい。履修意欲の低い学生にこの私の「思い」をどう伝えるか。

　幸いにして、日本では、このような学生にも対応できるよう、様々に工夫を凝らした法学の入門書・概説書が刊行されている。『はじめての××』、『やさしい××』、『よくわかる××』、『目で見る××』、『図解××』等々、タイトルでアピールするだけでなく、その内容も、図表を多用したり、物語風であったり、中には、マンガを挿入したものまである。正確に数値を把握しているわけではないが、中国、台湾、香港で書店や図書館の書棚をみた限り、このたぐいの書籍は、日本が質量ともに群を抜いているように感じる。

　当時、私が、新年度の授業から使用するテキストをあれやこれや探していた頃、目にとまったのが、2000年11月に刊行されたばかりの野田進＝松井茂記編著『シネマで法学』であった。同書は、「映画が法学の素材になるということ」と「法律について物を考え解釈をこころみようとする私たちが、映画から強い影響を受けているということ」を理由に、「法律と映画とは、双方向で抜きさしならぬ関係がある」と説く（はしがき ｉ 頁）。これならば、学生に法律への興味をもってもらえるかもしれない。同書の考えに共感した私は、以降、様々な授業で様々な映画を学生に鑑賞させ、法や制度の現状・課題について考えさせてきた。主な鑑賞作品は図表1のとおりである。

【図表1　授業での鑑賞映画作品】

法律学概論、法律学概説、法学概論、日常生活と法
それでもボクはやってない〔2007 年〕
十二人の怒れる男（12 Angry Men）〔アメリカ、1957 年〕
ショーシャンクの空に（The Shawshank Redemption）〔アメリカ、1994 年〕
代理人（LOSING ISAIAH）〔アメリカ、1995 年〕…
日本国憲法
GO〔2001 年〕
それでもボクはやってない〔2007 年〕
統治機構論
選挙〔2007 年〕
チャップリンの独裁者（The Great Dictator）〔アメリカ、1940 年〕……
比較憲法論、世界の憲法
1 票のラブレター（Secret Ballat）〔イラン、2001 年〕
大統領の理髪師（효자동 이발사／The President's Barber）〔韓国、2004 年〕
グッバイ、レーニン！（Good Bye Lenin!）〔ドイツ、2003 年〕
白バラの祈り（Sophie Scholl–Die letzten Tage）〔ドイツ、2005 年〕……
中国法、中国政治経済論
秋菊の物語（秋菊打官司／The Story of Qiu Ju）〔中国、1992 年〕
正義の行方（被告山杠爺／The Accused Uncle Shangang）〔中国、1994 年〕……

　なお、余談であるが、『シネマで法学』を教科書に指定し全面的にそれに沿って授業を進行したのは、2001年の最初の 1 年にとどまった。というのも、私が想定していたほど、学生はこの本で取りあげられている映画を観ていなかったからである。洋画旧作ほどその傾向は顕著である。若者の映画(館)離れが確かかどうかは判断しかねるが、いずれにしても、半期／1 年をこの本で乗り切るのはやや無理があった。もう一つ、その後にわかったことは、価格の高い本を教科書に指定しても学生は買わない、ということである。法学部以外の学生に対する法学の授業であればなおさらリーズナブルな価格の本を選ばなければならない。

映画『それでもボクはやってない』を観せる

　周防正行監督の映画『それでもボクはやってない』が公開されたのは2007年 1 月のことである。痴漢冤罪事件を題材に日本の刑事司法のあり

方を鋭く問うたこの社会派映画は、日本で大きな反響を呼んだ。私も、この映画を鑑賞して、日本の刑事司法の様々な病理を再確認するとともに、そうした病理が私自身の想像を超えたものであることを知り、強い衝撃を受けひどく沈鬱な気持ちになったことを覚えている。そして、同時に、この映画は法学の授業においてきわめて有益な教材となるにちがいないと直感した。以降、毎年のように、本務校および非常勤講師先の「法律学概論」や「日本国憲法」といった授業で、『それでもボクはやってない』を学生に鑑賞させている。今回の共同研究の中で映画ワークショップが浮上した際、具体的タイトルとして『それでもボクはやってない』を提案したのも、私ではなかったかと記憶している。

『それでもボクはやってない』を鑑賞させる狙いは主に次の2点である。

一つは、日本の刑事司法・刑事訴訟手続についての基本的な知識を獲得させることである。

三審制や刑事裁判の基礎知識は、中学の「公民」や高校の「政治・経済」で学んでいるはずだが、実際には覚えていない学生がかなりいる。「民事裁判」と「刑事裁判」、「被疑者」と「被告人」……これらの違いさえ、彼(女)らは十分に把握できていない。映画では、留置場の先輩、金子徹平の母、友人の達雄らが、格好のナビゲーターとなっており、視聴者に知識を獲得・再確認させてくれている。映画鑑賞に授業2コマをあてた後、次の授業で「刑事裁判の進め方」を概説する。私人による現行犯逮捕、検察官の起訴状朗読、裁判における証拠調べ手続き……。映画のシーンに触れながら概説すれば、学生の理解はより深まる。やはり視覚効果は絶大なのである。

もう一つは、立憲主義とは何か、人権とは何か、その意義について思考・理解させることである。

この二つめの狙いが私にとってはより重要である。国家権力(公権力)の濫用を抑制して国民の権利・自由を保障するために憲法が存在する、そういう考え方を立憲主義という、といくら大学生に説いても、彼(女)らはなかなかそのことをイメージできない。国家(権力)に対して、漠然とではあるがそれなりに強固な安心感・信頼感を彼(女)らは抱いている

（田村理『国家は僕らをまもらない―愛と自由の憲法論―』）。「国家（権力）は暴走すると危ない」ということをリアルにイメージしてもらうためには、この映画はもってこいだった。弁護士の荒川正義が厳しい現実を前にして刑事弁護に消極的になっている弁護士の浜田明を「そんなんじゃダメだな。僕たちが相手にしているのは、国家権力なんですよ」と叱責するシーン。「無罪を出すというのは、警察と検察を否定することです。つまりは、国家にたてつくことですよ。……無罪判決を書くには、大変な勇気と能力がいるんです」という裁判傍聴人２人の立ち話のシーン。これらシーンを立憲主義と関連させつつ考えてもらいたい。

2015年度の映画鑑賞の実施概要は図表２のとおりである。

【図表２　映画鑑賞実施要項】

科目名：法律学概説
→山梨大学生命環境学部地域社会システム学科の必修科目
日時：2015 年 11 月 10 日および 11 月 17 日の 13:10 ～ 14:40（編集なしのフル上映）
配当年次：１年（18 歳、19 歳が大半）
履修者：39 名

　私の場合、この映画を「日本国憲法」の授業でも使用したことがあるが、近年は「法律学概論」の授業で、刑法・刑事訴訟法を説明しその課題を考える一環として使用している。「法律学概論」、「日本国憲法」、「刑事訴訟法」、「教育法規」等々、どの授業で使用するかで、テーマ設定の仕方は微妙に異なってくるのだろう。

レポート課題を書かせる

　映画を鑑賞した後は、ほぼかならずレポート課題を書かせている。今回の映画ワークショップでは、中国、台湾、香港の大学の授業で、映画鑑賞の後に学生たちの討論を実施してもらっていた。2015年度については、来る2016年１月の市民公開・国際シンポジウム「映画『それでもボクはやってない』海を渡る―東アジアの法教育と大学生の法意識―」におい

て、私が日本の状況を報告することが内定しており、中国、台湾、香港の状況と比較する上で、私の授業においても討論の時間を設けた方がいいのではないか、といささか悩んだ。しかしながら、結局、いくつかの理由から、私の授業では、討論を見送り、例年どおり、レポート課題を書かせることにした。

　なぜ、討論ではなくレポート課題としたのか。最も大きな理由は、討論の時間の確保が困難なことである。半期15回の「法律学概論」の授業のうち、さすがに映画に３回（鑑賞２回、討論１回）を費やすわけにはいかない。今回、映画ワークショップに協力してくれた大学（中国）の中には、正規の授業以外の時間（夜間、土日）を使って、映画を鑑賞したり討論を実施したりした大学もあったという。中国の大学でこうした方法が可能なのは、中国の大学の場合、大学構内の学生寮に寄宿する学生が多いからであり、日本はそういう状況にはない。また、日本では、ほとんどの学生がアルバイトをしているが、近年、これらアルバイトは「生活費を捻出するためのアルバイト」となっていることも多い。いわゆる「子どもの貧困」問題の深刻化である。正規の授業以外で討論の時間を設けても、アルバイトに行く学生は出てこられない。討論の時間は「とらなかった」というよりも、「とれなかった」のである。

　レポート課題は、2011年以降は次のような問いである。文章表現は若干変わることもある。

【レポート課題】

問A
　金子徹平の事案が仮に「冤罪」であったとする。何が金子徹平の「冤罪」をつくりあげたと思うか？
（たとえば、徹平を犯人だと決めつけた警察官、警察・検察組織のプライド、劣悪な取調べ環境、人質司法、被疑者・被告人の不十分な人権保障、弁護士の怠慢、官僚的な裁判官・裁判機構、刑事裁判手続そのもの、痴漢「犯罪」に対する社会・メディアの眼……）

問B

2004年（平成16年）5月に『裁判員の参加する刑事裁判に関する法律』（裁判員法）が成立した（2009年5月施行）。一般市民が職業裁判官と一緒に刑事事件を審理し判決を下す（被告人が有罪かどうか、有罪の場合どのような刑にするかを決める）この裁判員制度の導入は、冤罪の防止に役立つと思うか？　裁判員制度のメリット（長所）とデメリット（短所）をふまえつつ、あなたの考えを述べなさい。

〔2011年、2012年、2014年〕

問C

現在、刑事司法改革の一環として、取調べの可視化（録音・録画）の是非および範囲が議論されている。この取調べの可視化について、賛成意見・反対（慎重）意見の双方をふまえつつ、あなたの考えを述べなさい。

〔2013年、2015年〕

問D

映画を観た感想を自由に書きなさい。法律論と無関係でもかまわない。
〜十人の真犯人を逃すとも一人の無辜を罰するなかれ〜

〔2011年、2012年、2013年、2014年、2015年〕

毎年、3題出題し3題すべてに解答することになっているが、実際には、2011年以降、問Aと問Dは毎年同じなので、問ABDの組み合わせか、問ACDの組み合わせか、ということになる。

出題意図等について若干補足しておきたい。問Aでは、刑事事件・刑事裁判全体を俯瞰し理解した上で、冤罪の要因について具体的・論理的に考察しているかを問う。問Bでは、2000年前後から司法改革の方向性として議論されてきた国民の司法参加（司法の民主化）について、その意義と限界を考えさせる。なお、『それでもボクはやってない』で主人公金子

徹平は、『迷惑防止条例』違反の容疑で逮捕・起訴されたが、『迷惑防止条例』違反は、裁判員裁判の対象事件ではない（『裁判員の参加する刑事裁判に関する法律』第2条参照）。問Cは、2011年6月から2014年7月にかけて開かれた法務省の法制審議会「新時代の刑事司法制度特別部会」での議論（およびその紛糾）を強く意識した発問である。周防監督も委員に名を連ねたこの会議では、取調べの可視化（録音・録画）の是非およびその範囲が大きな争点の一つとなった。その後、この会議の最終的なとりまとめを受けて、2016年5月に、『刑事訴訟法等の一部を改正する法律』（いわゆる刑事司法改革関連法）が成立している。この会議の詳細な議事録（発言録）および配付資料は法務省のHPですべて公開されており（http://www.moj.go.jp/shingi1/shingi03500012.html）、また、周防監督がそこでの苦闘を自ら一冊の著作『それでもボクは会議で闘う―ドキュメント刑事司法改革―』にまとめている。問Dは、いわばサービス問題である。サービス問題ではあるものの、学生の率直な感想は、私たち教員も読むのが楽しみである。逆に、こちらが考えさせられるような感想を書いてくるケースも少なくない。

　レポート課題の具体的内容は、鑑賞した映画と何らかの形で関連するものとなるよう留意している。映画のシーンを想起しながらレポート課題について思索し解答してほしい。それにより、映画、現実社会、法の三者が深く結びついているということを学生に意識させたいのである。

　レポート課題は、「裁判員制度について論じなさい」、「取調べの可視化について論じなさい」といったいわゆる「一行問題」にはしていない。これもいくつかの考慮に基づいている。一つは、一行問題では、私の勤務校の学生の力では十分なレポートが書けないということである。ある程度、誘導する形の発問にせざるをえない。もう一つは、一つめの理由と表裏の関係にあるが、「○○について論じなさい」というキーワードを前面に出した問いは、wikipediaをはじめとするネット検索の格好の餌食となってしまうということである。「YAHOO!知恵袋」（http://chiebukuro.yahoo.co.jp/）等の質問サイトを利用する学生もいる。安易にネット検索できないような課題内容になるよう工夫しなければならない。ただし、

誘導する形の発問が果たして妥当なのか、いつも自問している。実際に、問Aでは、括弧の例示を挙げた年は、その例示から解答を選び答案を構成した学生が少なからずいた。問Cでは、かつて「賛成意見・反対（慎重）意見の双方をふまえつつ」という文言は挿入していなかったが、挿入した結果、即時全面可視化の意見は明らかに減少した。

やはり、本来は学生に自由に討論させ課題を自ら抽出させた方がよいのであろう。この問題は、結局は学生および教員の能力に帰する問題である。この点、3年次配当の「比較憲法論」は、学生の法学の学習が進み、また教員側も授業計画にある程度融通がきくことから、映画鑑賞の後に討論の時間を設け、その討論も学生間の自由討論に近いスタイルをとっている。

学生たちの反応は？

学生たちは、『それでもボクはやってない』をどう観たのか。「冤罪」の要因を問うた問Aに対する2015年度の学生の解答を紹介する（図表3）。

多くの学生が、3点から5点、要因を挙げた上で、「様々な要因が重なり『冤罪』がつくりあげられた」と論じている。それゆえ、要因の横にその要因を挙げた人数を記しているが、「法律学概論」の履修者数39名とは一致しない。また、項目があらかじめ指定されているアンケートへの回答とは異なるため、解答の分類・整理も大ざっぱなところがある。要因の分類・整理、および人数は、あくまでも学生の思考傾向を把握する参考程度のものにすぎないことをお断りしておく。

【図表3　学生が考える冤罪要因】

警察・検察に関連するもの
○徹平を犯人だと決めつけた警察官　(12)
「容疑者＝犯人」という先入観、聞く耳持たない、犯人に仕立てあげたい、「話を聞く」姿勢ではなかった、もう少し時間をかけるべきだった、私人による現行犯逮捕なのだからなおさら慎重に取調べを行うべきだった……等々
○警察・検察のずさんな捜査　(12)
繊維鑑定をしなかった、調書への署名の強要、調書の偽造は許しがたい、『日本国憲法』第38条違反、『刑事訴訟法』第198条違反、『犯罪捜査規範』違反、「足利事件」や「袴田事件」を想起する……等々
○警察・検察組織のプライド　(8)
起訴したら絶対有罪、一度こうと決めたらその考えをいっこうに変えようとしない傾向、検察は警察の味方、無罪だった時に恥をかくのは自分だと考えていた……等々

裁判官に関連するもの
○官僚的な裁判官・裁判機構　(14)
柔軟性に欠けている、警察・検察の違法捜査を疑わず判決を出してしまう裁判官の意識の低さ、勾留決定が安易、真実を見極める者と犯罪者を起訴する者が仲間のような関係では裁判は公正さを失う、とにかく早く片付けたいという裁判官心理、裁判官も人間なので組織の中で評価され出世したいという気持ちがある、少しぐらい間違いがあっても昇進できる組織であってほしい、評価を気にしていたら公平な裁判はできるはずがない、裁判官の不足、裁判官の多忙、同じような事例が重なるとどうしても同じような判決を出してしまう、「有罪慣れ」している裁判官、慎重な態度がみられない、被告人の主張に耳を傾けない……等々
○裁判官の交代　(12)
2人目の裁判官は被害者質問を直接聞いていない、2人目の裁判官の姿は本当の裁判官の姿なのか……等々

被疑者・被告人の人権保障に関連するもの
○劣悪な取調べ環境　(15)
人質司法、取調べが警察・検察側の施設で行われている、長期間の勾留、精神的苦痛、自白の強制、被疑者にプレッシャーを与える捜査機関のテクニック、狭く暗い密室状態での取調べ、取調べの可視化が必要……等々
○被疑者・被告人の不十分な人権保障(1)

刑事裁判手続に関連するもの
○刑事裁判手続そのもの　(9)
被疑者・被告人が圧倒的に不利、無実を訴えている人の方が罪を認めた人よりもはるかにひどい扱いをうけているというのがおかしい、日本の『刑事訴訟法』の弱さ、裁判所も国が設置した一機関にすぎない、「疑いがあるなら有罪」の裁判になってしまっている、偽証罪の形骸化……等々
○無罪の立証の困難性　(8)
無罪の主張＝反省していない、痴漢事件の証拠は少なく被害者と被疑者の証言がきわめて重要、話し言葉の危うさ、「痴漢」は犯人を特定しづらい、「推定無罪の原則」が機能していない……等々

○有罪率99.9％という数値　(6)
「疑わしきは罰せず」という原則を貫き通すことができない、「司法権（裁判官）の独立」（憲法第76条第3項）が機能していない……等々
○裁判における弁護人側の不利な状況、検察側の証拠不開示　(10)
官僚的な裁判官や検察官の発言が被告人側よりも強い、証拠をすべて捜査側が管理している、不見当、検察側はなぜ証拠開示を拒否できるのか、両者が対等ではない……等々

弁護士（弁護人）に関連するもの

○弁護士の怠慢　(5)
当番弁護士が金子徹平を混乱させた、当番弁護士が示談を勧めた、当番弁護士は無罪を勝ち取るために動かなければならなかった、『弁護士法』に違反している、弁護士の数が少ないので被疑者やその家族がなかなか弁護士を見つけられない……等々

被疑者・被告人の落ち度に関連するもの

○金子徹平の無知・愚かさ　(9)
履歴書の持参を家で確認してこなかった、慌てていたとはいえ混みあった電車内で妙な動きをするべきではなかった、手を動かすにしても周りの人に迷惑がかからないように気をつけるべきだった、金子徹平にもう少し法律の知識があれば、簡単に調書に署名をしてしまった……等々

その他の人々に関連するもの

○駅員の対応の悪さ　(4)
目撃者がいたのならしっかり話を聞くか連絡先を把握しておくべきだった、強引だ……等々
○被害者（女子中学生）の勘違い　(5)
金子徹平を犯人だと最初から決めつけるべきではなかった、被害者のあいまいな発言……等々

痴漢事案に関連するもの

○日本の痴漢事件の現状　(1)
「犯行を認めるかどうか」で事の大きさが変わってくる……等々
○痴漢「犯罪」に対する社会・メディアの眼　(13)
多くの人が痴漢は悪いものであり絶対に許せないと考えている、痴漢「犯罪」に対して社会的に扱いが大きくなった、私たちが痴漢に対して固定観念を抱いている、メディアが痴漢に対するイメージを形成している、被害者目線、裁判所も痴漢「犯罪」に対する社会・メディアの眼に怯えていた……等々
○被害者が女子中学生であったこと　(4)
被害者を気遣う気持ち、裁判官の被害者への同情感情、女性被害者に対する先入観、若い女性が自ら声を上げたのだから間違いはないという偏見……等々
○痴漢の歴史　(1)
痴漢を今までしてきた人々が「痴漢の歴史」をつくってきた……等々
○鉄道会社その他　(2)
電車の中に防犯カメラを、電車内に鉄道警察官を配備させる、対策を講じない社会にも問題あり、両手を挙げて電車に乗り込むような行動をしなければ自分の身を守ることができないという状況が存在すること自体がおかしい……等々

これら学生の解答から何が読み取れるだろうか。

　捜査機関（警察、検察）の対応、裁判官の姿勢・体質、刑事裁判手続における理念と現実のズレを、「冤罪」の要因として挙げた学生は多い。当然ながら、これは予想していたとおりの反応である。周防監督が、法制審議会「新時代の刑事司法制度特別部会」においてとりわけ強く主張した、「全事件・全過程での取調べの録音・録画」、「証拠の事前全面一括開示」、「人質司法と呼ばれる勾留の実態」の３点（周防正行『それでもボクは会議で闘う─ドキュメント刑事司法改革─』９頁）についても、何人かの学生がレポートの中で論及している。周防監督は、しばしば「市民感覚」、「素人感覚」といった表現を多用されるが、学生たちの考える刑事裁判の問題点も、まさにこうした「市民感覚」、「素人感覚」から導かれるものなのである。

　20人程度が「痴漢」という事案の特殊性を挙げている。若い女性弁護士の須藤莉子は当初金子徹平の弁護に乗り気ではなかった。彼女は、性犯罪の被害者保護に力を注いでいたのである。「今は、犯罪被害者の救済が私の仕事だと思っています。……大体、痴漢で無罪がたくさん出たら、また逆戻りです。やっと裁判官が被害者の言い分を聞いてくれるようになったのに」。彼女の逡巡を前にして、弁護士の荒川正義は、「痴漢冤罪事件にはね、日本の刑事裁判の問題点がはっきりと表れてるんだ」と述べる。刑事裁判の問題点を考えるにあたって、痴漢事件は「特殊」ではなくむしろ「普遍」であるとする周防監督の訴えは学生にどこまで響いただろうか。

　また、10人程度が主人公金子徹平の落ち度に注目した点が興味深い。これは、近年、若い世代の中で、以前にも増して蔓延している「自己責任」的発想と関連しているように思う（中国語論文だが、この点に関連する小論として、石塚迅「安全、安心与人権─日本的情況─」を参照）。学生の課題レポートを回収した後、シンポジウムの前に参考資料としてこれらを周防監督に回付して目を通していただいたが、周防監督も学生のこれら指摘は気になったようで、シンポジウムの中でも言及されていた（本書172頁を参照）。

おわりに

　私の専門は教育学ではない。それゆえ、「法学の授業で映画を教材に使う」ことについて、教育学の豊富な先行研究を網羅しているわけでもないし、実践の成否・効果を具体的に判断・評価する方法をもちあわせているわけでもない。ほとんど我流である。私がこの方法にたどり着いたのは、法学部以外の学部で学生に法律を教えるということ、そして、そこでの学生たちの履修意欲が総じてあまり高いとはいえないということという現実的な課題が常に存在していたからである。そうはいっても、私なりに、様々な実践を通じて、中学校・高校までの「覚える」だけの授業から、「覚える」に加えて「考える」授業への発展を模索してきたつもりである。

　日本において、法教育がクローズアップされたのは、上で言及した司法制度改革、とりわけ、裁判員制度の導入を柱とする国民の司法参加と深く関係している。2008年以降、順次公示・施行されていった新「学習指導要領」では、小学校・中学校・高校いずれも法教育に関する記述が格段に増えた。高校までの授業と大学での授業の連結（高大連携）もまた近年しきりに強調されている。そうした状況の下で、教育学研究者、現場教職員、法学研究者、法曹等法律実務家という四者の間で、理論、方法、実践等、様々な知見を積極的に交換することがこれまで以上に必要とされよう。

【参考文献】
・石塚迅「市民公開・国際シンポジウム「映画『それでもボクはやってない』海を渡る——東アジアの法教育と大学生の法意識」を開催して」『東方』第424号（2016年6月）
・石塚迅著／額尓敦畢力格訳「安全、安心与人権——日本的情況」『東呉法学』（蘇州大学）2013年春季巻（総第26巻）（2013年8月）
・周防正行『それでもボクはやってない——日本の刑事裁判、まだまだ疑問あり！』（幻冬舎、2007年）

- 周防正行『それでもボクは会議で闘う――ドキュメント刑事司法改革』(岩波書店、2015年)
- 志田陽子編著『映画で学ぶ憲法』(法律文化社、2014年)
- 田村理『国家は僕らをまもらない――愛と自由の憲法論』(朝日新書、2007年)
- 野田進＝松井茂記編著『シネマで法学』(有斐閣、2000年、2004年〔新版〕)
- 野田進＝松井茂記編著『新シネマで法学』(有斐閣、2014年)

台湾の大学における
市民になるための教育の展開
市民の「能力（コンピテンス）」と「素養（リテラシー）」の育成をめぐって

山﨑直也（帝京大学教員）

台湾での2つの実験授業を観察して

　本書に収録されているシンポジウムを主催した科研費プロジェクト「『中国』をめぐるアイデンティティとナショナリズム」（研究代表者：阿古智子）では、映画『それでもボクはやってない』を鑑賞した上で、映画が投げかけるテーマについて議論するという実験授業を中国、台湾、香港の複数の大学で実施した。

　台湾では、台北教育大学（2015年1月7日実施）および輔仁大学（2015年5月4日実施）の2つの大学で実施し、筆者はその両方を見届けたが、いずれの現場でも活発な議論が展開され、筆者の予想はいい意味で裏切られた。前者は教育学部の教育法の授業、後者は「法学緒論」という法学部の基礎科目の授業内で行われたものだが、教育学部と法学部と言えば、とりわけ保守的な印象があり、おとなしい学生の間で議論らしい議論が成立するのか、ひそかに懸念していたからである。しかし、蓋を開けてみれば、いずれも議論百出の大変な盛り上がりとなり、筆者の懸念は杞憂に終わった。

　台湾での実験授業が熱を帯びたものとなったのには、いくつかの理由が考えられる。第1に、『それでもボクはやってない』という作品そのものが持つ力が大きい。十分なエンタテイメント性と教育的側面を併せ持つ本作の「あるべき司法の姿とは？」というメッセージが、文化と状況の壁を越えて、異郷の若者の心を揺さぶったことが議論を白熱化させたと

言えそうだ。

　第2に、授業を担当した教員の授業設計の妙があり、学生を活発な議論に導くべく授業がデザインされていたという部分がある。台北教育大学での授業がいかに精巧に作り込まれていたかについては、本書に収録されている徐筱菁先生の論文にはっきりと示されているが、北海道大学の大学院に学び、日本の事情にも精通した黄浄愉先生を担い手とする輔仁大学の授業も、きわめて周到に準備されたもので、大学で教える者として身の引き締まる思いであった。

　映画そのものの訴求力と授業設計に対する教員の創意工夫は、台湾での実験授業を盛況に導いた重要な要因であったと考えられるが、何にも増して看過しえないのは、学生自身の気質の変化である。二校での観察を通じて、台湾では、自らをとりまく公共の事柄に関心を持ち、それに対する自分の意見を論理的な言葉で語りうる新しい世代が確実に育っているという印象を得た。それは2014年に発生した「ひまわり学生運動」が世界の人々に抱かせた台湾の若者像とぴったり重なるものとも言える。

　2014年、中国とのサービス貿易協定の締結過程を不服とする学生が立ち上がった「ひまわり学生運動」は、立法院（国会）議事堂の占拠という未曽有の光景がもたらす衝撃によって、海外メディアでも盛んに取り上げられた[i]。米国のリベラル系メディアによって「驚くほど美しい」[ii]と形容された運動は、民主化後の台湾社会で着実な広がりを見せてきた台湾アイデンティティ、すなわち、台湾は「中国」[iii]の一部ではなく一つの独立した主体であるとの認識が馬英九政権下の対中接近路線によって脅かされつつあるという危機感のみによって引き起こされたものではない。中華人民共和国という大国に飲み込まれることで、ようやく築き上げた台湾としてのアイデンティティが雲散霧消することへの危機感が運動の重要な原動力であったことは確かだが、この運動はまた、民主主義社会のあるべき合意形成過程を問うものでもあり、政治的意思決定の不透明性を批判する「黒箱（ブラックボックス）」という運動のキーワードがこのことを端的に示している。

　運動の成否は、台湾の未来がその評価を定めることになるだろうが、

この出来事が台湾の若者の政治と社会に対する意識の高さを世界に強く印象づけたことは、確実と言えそうだ。こうした若者の市民意識の高さは、むろん単一の要因に帰せられるものではないだろうが、学校教育が複合的な要因の一部を成していることは、想像に難くない。

現代市民の「能力（コンピテンス）」／「素養（リテラシー）」の教育をめぐって

　ここ数年、台湾の教育改革では、「公民素養（市民リテラシー）」[iv]の育成がキーワードの一つになっており、しかも、その必要性は、初等・中等教育段階のみならず、高等教育段階にまでおよぶものと認識されている。また、それは、行政、研究、実践など、職業として教育に携わる人々の間に閉じることなく、社会に開かれた公共性を持つ議題である。例えば、台湾の代表的な総合雑誌である『天下雑誌』第486期（2011年11月号）は、「公民教育」特集号として、公民＝市民が備えるべき５つの技能（思弁・責任・尊重・参与・閲読）を軸として、42篇もの文章を掲載している。

　今日の市民のあるべき姿をめぐる議論では、市民リテラシーを意味する「公民素養」（注４参照）、『天下雑誌』の公民教育特集号がキーワードとした「技能」に加え、「能力」（この文脈では、“ability”よりも“competence”を意味することが多い）といった言葉が切り口となることが多い。三者は、それぞれに含意するところがあるが、重複する部分も少なからずあり、おそらくは同じ問題意識に根ざしている。これらの概念に対置されるのは、「知識」であり、それは、とりもなおさず、これまでの台湾の教育（高等教育を含む）で何よりも重視されてきたものである。

　「標準答案」という台湾でよく見聞きする言葉は、台湾の教育がいかなるものであるか、その本質を端的に伝えるものである[v]。学校で投げかけられる問いには、唯一の「正しい」答えが存在する（べき）との固定観念があり、「正しい」答えを丸暗記させ、受験に対応しうる「知識」を蓄えさせることこそが学校教育の意味だと長らく考えられてきたのである。「升学主義（進学主義）」、「文憑主義（ディプロマ主義）」[vi]と「応試教育（受験志向教育）」、「填鴨式教育（詰め込み式教育）」いった戦後台湾教育にまつわる常套

句は、急速に進む少子化と大学の激増によって往時の切実さを失いつつあるが、いまなお完全に一掃されたとは言い難い。

　「素養」、「技能」、「能力」と、使う言葉のいかんを問わず、市民の育成に関する議論は、「教育」に関する固定観念に抗う挑戦である。そこにあるのは、もはや括弧つきでしか表現しえないほどに意味が矮小化された「知識」の消極的受容ではなく、多面的な「能力」の積極的獲得を前提とし、こうした態度があればこそ、絶えず変化する社会への対応が可能になるという確信であり、教育は「良い学校」に進むための方途ではなく、市民として社会の中で「よく生きる」ためのものであるべきだという問題意識である。

　では、こうした問題意識は、果たしてどれほどの実行性を持つか。今日の市民が持つべき「能力」と「素養」に関する議論は、総合雑誌の特集を成すほどの広がりを持つと先に述べたが、現時点ではあくまで可能性としての議論であり、「教育」をめぐる固定観念の転換がこれに追い着いているとは言い難い。今後転換がどのような速度で進展するか、それ以前にそもそも転換がその方向に向けて起きている（起こりうる）のかという部分があり、現時点での市民の「能力」／「素養」の育成をめぐる動きは、全面的・不可逆的な潮流というより、部分的・先駆的な兆候の一つに過ぎないかもしれない。しかし、それでもなお、教育の伝統的特徴に対する本質的批判を含むものとして、注目に値する十分な理由があるといえよう。

　そこで、ここでは、高等教育段階における市民の「能力」／「素養」の育成に関する取り組みとして、台湾教育部が2011年度後期から2014年度にかけて実施した「現代公民核心能力養成計画」に着目し、台湾における新たな動きの一端を示したい。今回実験授業を実施した2つの大学は、同計画の実施校ではないが、実験授業の中で台湾の大学生が展開した国家と司法と市民社会のかかわりに関する議論は、ある意味、同計画が理念として打ち出す市民の「能力」／「素養」の実践といえるものでもあった。「現代公民核心能力養成計画」と実験授業は、大学における「公民教育」（"Civic Education"ではなく"Citizenship Education"を意味する）の取り組み

として問題意識を共有するものだ。「現代公民核心能力養成計画」という同時代の政策が目指すところを知ることで、台湾の文脈における今回の実験授業の意義がより明確に浮き彫りになると考えている。

「現代公民核心能力養成計画」とは？

「新自由主義的」と批判されることもあるが、近年の台湾では、政府による競争的補助金が大学改革の原動力となっている。「現代公民核心能力養成計画」も、プロジェクトベースの補助金の一つだが、「邁向頂尖大学計画」、「奨励大学教学卓越計画」（前者は研究力、後者は教育力の強化を主眼とする）といった基幹プロジェクトとは異なり、教育部顧問室（2013年1月の教育部の組織再編で資訊與科技教育司となる）の主導によるものである。林秀絹・王美仁によれば、同計画は、2007年度から2010年度に顧問室の主導で実施された4つの中期計画の延長線上に位置するものであり、「広範な知識」の教授から「核心能力」への転換を目的とし、批判性・多元性、市民リテラシー、グループワーク、積極性、責任感、コミュニケーション能力、価値判断能力、行動・決定する力、問題を分析・解決する力など、さまざまな能力の養成を強調するものだという[vii]。

学際性を持つ人材の育成、想像／創造力を持つ人材の育成、人文・社会科学分野での人材育成の強化を目的とする3つのプロジェクトとともに教育部顧問室（当時）が行う「人文社会科学相関領域中綱計画」の一部を成す「現代公民核心能力養成計画」が目指すものは何か。21世紀の市民像について、同プロジェクトの趣旨は、次のように述べている。

現代市民とは、21世紀のリスクと挑戦に対応する能力を持つ人である。このような市民は、ただわが身を顧みるばかりでなく、他者と良好な相互関係を確立し、台湾と世界の重要な議題に注意を払い、公共の問題に積極的に参与し、行動によって社会への関心を示すべきである。そして、このような現代市民を育てようとすれば、現時点では、倫理、民主、科学、メディア、美学の5つのリテラシーの育成を重点とし、

高等教育における教養教育と専門教育の融合と貫通を通して、公共的な議題を掘り起こし、創造性によって問題の解決を図るという現代市民のコア・コンピテンスを持つよう学生を育てていく必要がある。

　したがって、教育の方式は、過去の「広範な知識」の伝授から「コア・コンピテンス」の鍛造に向かう必要があり、多元的思考、チームワーク、コミュニケーション能力と協調性、価値判断能力、問題解決能力、行動力等の能力の養成を強調する。現代市民育成のストラテジーにおいて、教養教育課程それ自体の系統性を強調するだけでなく、教養教育課程と専門教育課程の間の風通しを良くして、組織性と整合性を備えた環境教育、生活教育を作り出すことも重要な任務となるだろう[viii]。

　学びによって個人が市民になるのか、教育が個人を市民にするのか、いずれの視点においても、リテラシーとコンピテンスをいかに獲得／育成するかが鍵となる。引用文中で列挙されているコア・コンピテンスの中身、つまり、多元的思考、チームワーク、コミュニケーション能力と協調性、価値判断能力、問題解決能力、行動力は、過去の受験志向の詰め込み式教育では伸ばすのが難しい、市民としてよく生きるための力である。また、これらは、そのどれもが日本の教育改革で重視されているものでもあり、台湾の動きは、鏡となって日本に示唆をもたらすものと考えられる。倫理、民主、科学、メディア、美学の5つのリテラシーについては、さらに具体的な説明がなされている。こちらも日本に対する示唆を含むと思われるので、少々長くなるが、あわせて引用しておきたい[ix]。

倫理リテラシー
　現代の市民は、倫理的な難題を識別し、選択を行う能力を持たなければならない。日常生活と専門的業務の中で直面しがちな倫理的議題について知るだけでなく、道徳的な推論と理性的判断を働かせて倫理的な議題に対応できなければならない。

民主リテラシー

　現代の市民は、民主的な手続きを通して争議を処理する能力を持たなければならない。学生が事実を尊重し、理性的なコミュニケーションを重視するよう教育し、民主的な審議に参与し、合理的に争議に向き合う上で必要とされる知識、技巧と美徳を備えた公民として育てるべきである。

科学リテラシー

　現代の市民は、科学が生み出す効果とありうべき制約を理解し、科学の社会に関する影響を正視する態度を持ち、ひいては科学に関わる公共的議題の議論、省察、選択に参加する。

メディアリテラシー

　現代の市民は、メディアの科学技術とメディア組織がいかに情報を生み出し、イメージと意義を構築しているかを理解するとともに、メディアの情報に対して、開放し、批判し、省察する能力を持たなければならない。さらに、適切なメディアを通して公共的な問題への関心を表現することを学ばなければならない。

美学リテラシー

　現代の市民は、美感にあふれた社会をつくる能力を持たなければならない。体験の対象は芸術と文芸にとどまらず、生活の中の公共領域の事物についても、一貫した価値観によって理解し、体得のレベルを高め、美感の受け入れと実践を豊かなものにしていかなければならない。

　言うは易し、行うは難し。「現代公民核心能力養成計画」が掲げる現代市民のコンピテンスとリテラシーを十全に身につけるのは、誰にとっても容易なことではないだろう。しかし、教育改革が向かうべき方向を明示し、市民となるために何を、どう学ぶべきか、成熟した市民としていかにあるべきかの指針を個人に与える理念として、十分に意味を持つも

のである。また、市民リテラシー／コンピテンスの教育が政策化され、その理念が言語化されている台湾の現状は、他のアジア諸国との比較において、1つの達成と評価すべきものと言えるだろう。そして、これらの理念があながち現実離れしたものでないことは、今回の実験授業の議論、「ひまわり学生運動」などから明白であり、自由と民主が定着した社会がさらなる高みに手をかけている様子が見て取れる。

　「現代公民核心能力養成計画」は、上述の理念の下で、「公民素養陶塑」、「公民核心課程改進」、「公民核心能力推廣」という3つのサブプロジェクトを設置して、大学と教員個人に補助金を与えるものである。林秀絹・王美仁の記すところによれば[x]、第1の公民素養陶塑プロジェクトは、市民リテラシー教育のモデル構築を目的とするもので、初年次教育の全学カリキュラムマップ、教養教育のコアカリキュラム、社会参加型学習、核心リテラシーと専門課程の融合、生活学習圏を5つの柱に全学で取り組む上からの改革、マクロレベルの改革である。一方、第2の公民核心課程改進プロジェクトは、下からの改革であり、行動・問題志向と学生主体を理念として、市民としてのリテラシーとコンピテンスを育てる授業を増やす試みである。しかも、それらの授業が「点」として存在するのではなく、科目群として「線」を成すことが重視されている。第3の公民核心能力推廣プロジェクトは、大学で学ぶ学生ではなく、教える側の教員を対象とするもので、市民リテラシー／コンピテンスというなじみの薄い概念に対する理解を増進することを目的とするもので、古典的名著の読書会、ワークショップ、研修会の開催などの活動を含んでいる。

　三本柱のサブプロジェクトで進められた「現代公民核心能力養成計画」は、大学の「公民教育」の刷新を促すものであった。同プロジェクトによる取り組みは多岐におよび、例えば、公民核心課程改進プロジェクトでは、学期ごとに約150の授業が助成の対象となっている。「現代公民核心能力養成計画」による新しい「公民教育」の全容を示すことは、本稿の手に余るものがある。ここでは「理念」を紹介するにとどめ、「実践」に関する議論は、今後の課題とするが、台湾における新しい公民教育の実践について知るための端緒をひとつ示すとすれば、同プロジェクトの成果として

刊行され、無料で公開されている数々の書籍に目を向けるべきだと考えている（下の図を参考）。これらは、台湾の高等教育改革の今を伝えるとともに、日本の教育改革に資する知見を含むものだからである。

【図表 「現代公民核心能力養成計画」による出版物のリスト】

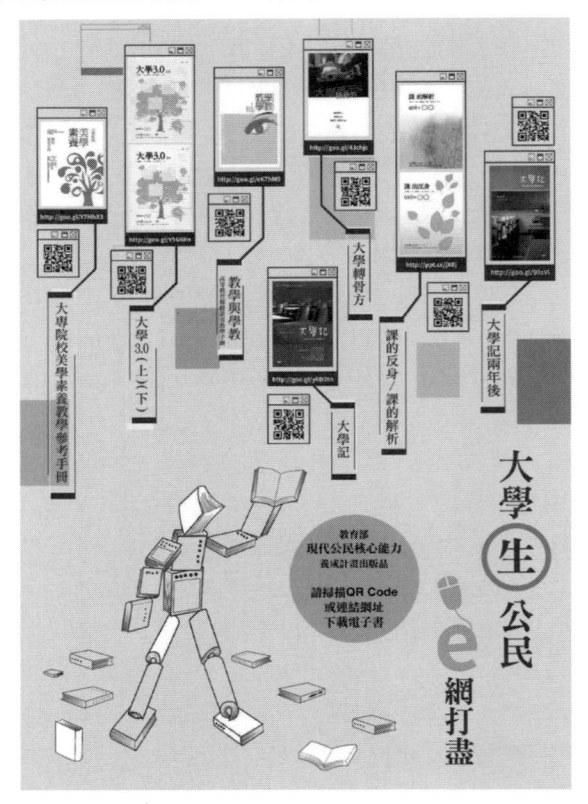

出典 http://hss.edu.tw/wSite/ct?xItem=4045&ctNode=306&mp=4&idPath=297_306

おわりに

　本稿では、台湾の大学生が実験授業で展開した個人と国家と法をめぐる活発な議論に触発され、その背景をなす新しい公民教育、つまり、市民リテラシー／コンピテンスの教育の動きを論じてきた。「現代公民核心能力養成計画」というプロジェクトに着目し、政策が掲げるリテラシー／コンピテンスを見ていくことで、台湾の新しい公民教育が何を目指しているのか、その理念の一端を示すことができたと考えている。

　日本において教育改革をめぐる議論は、往々にして欧米諸国にその典範を求めることが多いが、今回実験授業の活発な議論を実際に見聞し、同時期に展開する政策が掲げる理念を確認することで、市民リテラシー／コンピテンスの教育という点で、日本は台湾に学ぶべき部分が少なからずあると実感した。

　自らの暮らす社会のあるべき姿を常に想像し、問題解決のため積極的に行動しうる自立した市民を生み出す教育の確立は、日本と台湾の共通の課題であり、両者の財産というべき民主主義をさらなる成熟に導くものでもある。民主と法治の歴史を持つ日本と台湾がこの議題について互いの動きに理解を深め、対話を重ねていくことは、双方にとって有益であるだけでなく、多くの貴重な示唆をもたらすことが期待される。

---

i　「台湾の"ひまわり学生運動"、海外での報道量 日本は最多」『フォーカス台湾』2014年4月3日<http://japan.cna.com.tw/news/apol/201404030008.aspx>（2016年12月26日アクセス）によれば、2014年3月18日（時差の関係で一部の国と地域では17日）から4月2日までにひまわり学生運動を報じた海外メディアの報道は628本に上り、なかでも日本は約100本と最多であったという。日本では、新聞各紙のほか、テレビでも多くの報道がなされ、2014年5月10日には、NHK BS1の『ドキュメンタリーWAVE』の中で、「議会占拠24日間の記録－中台急接近に揺れる台湾－」と題するドキュメンタリーが放送された。
ii　"PHOTOS: Taiwan's Sunflower Movement Protest Is Also Strikingly Beautiful" The World Post, 31 March 2014, at <http://www.huffingtonpost.com/2014/03/31/taiwan-sunflower-movement_n_5062576.html>(last accessed Dec. 26, 2016).
iii　「台湾は『中国』の一部である」という言葉の中の「中国」の概念は、多義的な意味を持つ。北京政府にとって、「中国」が中華人民共和国を意味することは、『中華人民共和国憲法』が明記する「一つの中国」原則に照らして自明だが、第二次世界大戦後、日本に代わって台湾の統治主体となった蔣介石国民党政権は、「中国」を中華民国と措定し、その前提が数十年にわたり統治の原則となった。他方で、台湾が「中国」の一部か否かは、政治的正統性の問題としてだけでなく、

歴史あるいは文化の観点から語られることもあり、位相の異なる議論の錯綜が複雑性を増幅させている。

iv　ここで台湾の「公民素養」という言葉に「市民リテラシー」の訳語を当てているのは、台湾の「公民」という言葉が日本語の「公民」と「市民」の双方を含意するためである。例えば、「公民教育」は、「公民教育（Civic Education）」と「シティズンシップ教育（Citizenship Education）」という2つの意味を持ち、日本語の「市民運動」も、台湾では「公民運動」と表現される。

　　楠見によれば、市民リテラシーとは、批判的思考という態度・スキル・知識を土台に、メディア・ネット・ICT、健康・経済・政治、読解・科学・数学などの諸側面について、生活に必要な情報を獲得し、人に伝え、適切な行動をとるに足る能力を身につけることを意味し、専門知識とは峻別されるものだという。楠見孝「市民のための批判的思考と市民リテラシーの育成」楠見孝＝道田泰司『批判的思考と市民リテラシー——教育、メディア、社会を変える21世紀型スキル』（誠信書房、2016年）10〜11頁。

v　例えば、林倖妃「被標準答案綁架的老師」『天下雑誌』第523期（2013年5月）は、標準答案に縛られた教員が学生の高次認知能力の養成に効果的な論述題を問うことが容易でないという現状を論じている。

vi　「文憑主義」は、日本の学歴主義に似た概念だが、「良い」学校に入学するだけでなく、「文憑依」＝卒業証明書の獲得が重視されている点に相違がある。

vii　「人文教育革新中綱計画」、「全球化下的台湾文史芸術（グローバリゼーション下の台湾文学・史学・芸術）中綱計画」、「新興議題與専業（専門）教育改革中綱計画」、「通識教育（教養教育）中綱計画」を含む。林秀絹・王美仁によれば、これらのプロジェクトは、「専門による分業とタコつぼ化という科学の趨勢」の下で、「大学生があまりにも早い段階で狭い専門領域に足を踏み入れる」ことが、「社会全体の調和のとれた発展」を阻害しているという認識に基づき、人文および科学技術の各専門領域において（あるいは、それを横断する形で）先導的・実験的・革新的な教育を行うことを意図している。林秀絹＝王美仁「教育部顧問室現代公民核心能力養成計画推動介紹」『成大』第239期（2012年11月）38〜41頁。

viii　「計画縁起」『教育部人文社会科学相関領域入口網』2012年4月4日<http://hss.edu.tw/wSite/ct?xItem=3059&ctNode=301&mp=4>（2017年1月19日アクセス）。

ix　同前。

x　林秀絹＝王美仁・注7論文39〜41頁。

シンポジウムの舞台裏②

　今回のシンポジウムは映画ワークショップの研究成果の公表をその趣旨としていますが、この第2部は映画ワークショップを教員の視点から捉えたものです。

　映画ワークショップは、2014年から2015年にかけて、多くの方々の協力を得て、中山大学、武漢大学、中国メディア大学、中華女子学院(以上、中国)、台北教育大学、輔仁大学(以上、台湾)、香港理工大学、香港バプティスト大学、香港大学(以上、香港)、および日本の山梨大学でそれぞれ実施しました(シンポジウム終了後に、蘇州大学〔中国〕でも実施)。手法はバラエティに富んでおり、事前に詳細な授業計画書(学習指導案)を作ったところもあれば、正規の授業以外の時間(夜間、土日)を使って映画を鑑賞したり討論を実施したりしたところもあったと聞きます。近年、中国では、高等教育において「憲政」や「市民社会」、「司法の独立」を教えることの敏感さ・峻厳さが増しており、それゆえ、中国のいくつかの大学においてゲリラ的開催になったことはやむをえないといえるでしょう。中国や香港では、しばしば李丹さん(第3部参照)がオーガナイザーになって下さいました。

　本論でも書きましたが、私(石塚)は、以前から、「法律学概論」や「日本国憲法」といった大学の授業で、毎年のように学生に映画『それでもボクはやってない』を鑑賞させていました。中国や台湾の憲法教員はこの映画をどう観るのだろうか。この映画で授業をするとしたらどのような授業をするのだろうか。中国や台湾の大学生はこの映画をどう観て、教員の授業にどのような反応を示すのだろうか。大学で日本国憲法を教え、中国の憲法や人権を研究テーマとする私にとって、これらは、かねてからのひそかな関心事だったのです。私は、このセッションをとても楽しみにしていました。

　あくまでも「法」を教えることにこだわった張万洪先生、教育学の最新の手法に基づき香港のアイデンティティにも目配りをしたトレーシー・

ラウ先生、社会科教育学の方法論の協力を得た、いわば法学と教育学の中間ともいえる徐筱菁先生。それぞれの報告は、先生方の専攻や所属も影響しており、とても興味深いものでした。私も含めて4本の報告が終わった後に、報告者相互間でのディスカッションの時間を設けました。残念なことに、いよいよ議論が盛り上がってきたという時に、またもや制限時間が来てしまいました。

　本書第2部は、4人の登壇者のシンポジウム報告の加筆修正版を収録しています。加えて、台湾の2つの大学（台北教育大学、輔仁大学）で実際に映画プロジェクトを参観（観察）した山﨑直也さんに、その参観をふまえて、台湾の大学における市民になるための教育について論考を寄稿してもらいました。

（石塚迅）

第3部

東アジアの大学生は
『それでもボクは
やってない』を
どう観たか？

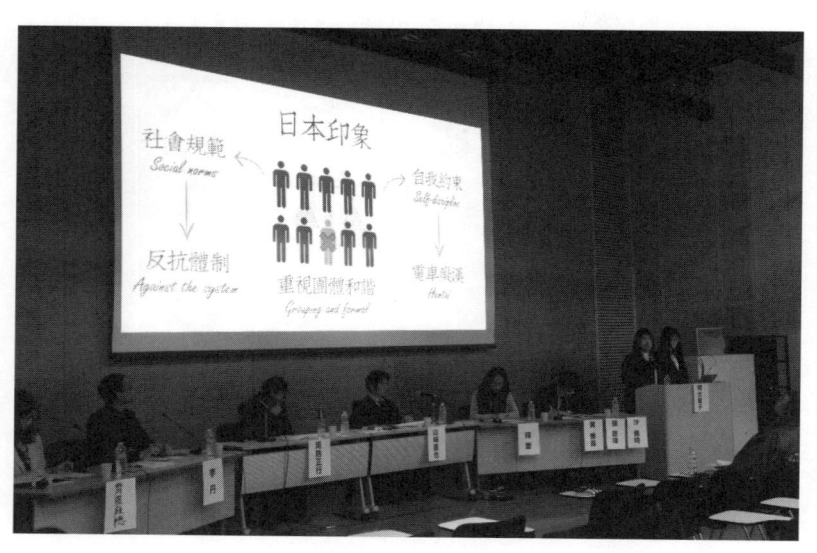

シンポジウムの様子

アンケート調査から見る
映画ワークショップ参加学生の特徴

阿古智子（東京大学教員）

はじめに

　映画「それでもボクはやってない」ワークショップには、中国、香港、台湾、日本の大学生及び大学院生、合計246人が参加しました。中国、香港、台湾、日本という4地域を代表するような学生を幅広くサンプリングによって集め、彼ら・彼女らを対象に映画ワークショップを行うことができれば理想的ですが、限られた予算と時間のなかで大規模な協力を得ることは難しいものです。今回は、中国大陸の3大学の76人、香港の3大学の51人、台湾の2大学の80人、そして日本の1大学の39人が私たちの呼びかけに応じて、参加してくれました。

　参加した学生たちは受けてきた教育や家庭環境、大学で専攻している学問分野などによって、思考の方法も価値判断の基準も異なります。学生たちの意識や考え方をとらえ、彼ら・彼女らが住む国や地域の状況を浮かび上がらせるために、私たちはワークショップの実施と同時にアンケート調査を行うことにしました。質問票は4つの国・地域でほぼ同じ内容のものを使いましたが、各国・地域の状況に応じて若干の修正を行っています。質問票は中国では簡体字のものを、香港、台湾では繁体字のものを、日本では日本語のものを使いました。以下、アンケート調査の結果をご紹介しましょう。

学生の属性

　最初に参加した学生の属性を見てみましょう。学生の所属大学は、中

国は中山大学（広東省中山市）、武漢大学（湖北省武漢市）、中国メディア大学（北京市）、香港は香港理工大学、香港大学、香港バプティスト大学、台湾は台北教育大学、輔仁大学（新北市）、日本は山梨大学です。

　学生の大学での専攻は法律、教育学、メディア研究、経済学などで、平均年齢は中国が28歳、香港が21歳、台湾が24歳、日本が19歳でした。中国の参加者の年齢が高くなっているのは、大学院生が含まれているからです。

　性別は回答者243人中、男性87人（35.8%）、女性156人（64.2%）と女性が３分の２を占めました。台湾と香港に女性の参加者が多く、中国と日本は男女がほぼ半数ずつでした。

　参加した学生の父親の仕事は、中国において農業従事者が最も多く、工場労働者、党・政府役人と続きました。香港は技術者が最も多く、続いて私営企業主、工場労働者、台湾で最も多かったのが党・政府役人、次が自営業者（商工業）、技術者と企業職員でした。日本で最も多かったのは工場労働者、次が自営業者と公務員、その次が企業の管理職でした。

【図表1　参加学生の父親の仕事】

国・地域	1 位	2 位	3 位
中国	農業従事者（21%）	工場労働者（17%）	党・政府役人（16%）
香港	技術者（25%）	私営企業主（14%）	工場労働者（14%）
台湾	党・政府役人（26%）	自営業者（商工業）（19%）	技術者、企業職員（各11%）
日本	工場労働者（41%）	自営業者、公務員（各15%）	企業管理職（10%）

　母親の仕事も、中国については農業従事者が最も多く、次が工場労働者、その次が自営業者でした。香港は、失業・無職の人が最も多いのですが、これには専業主婦も含まれると考えられます。そのあと、自営業者と企業職員、技術者、サービス業、工場労働者と続きます。台湾は、党・政府役人が最も多く、次が失業・無職、その次が自営業者です。日本で最

も多いのは工場労働者、その次が失業・無職、公務員でした。

【図表2　参加学生の母親の仕事】

国・地域	1位	2位	3位
中国	農業従事者（25%）	工場労働者（16%）	自営業者（商工業）（13%）
香港	失業・無職（27%）	自営業者、企業職員（各14%）	技術者、サービス業、工場労働者（各8%）
台湾	党・政府役人（24%）	失業・無職（20%）	自営業者（13%）
日本	工場労働者（28%）	失業・無職（23%）	公務員（13%）

＊「失業・無職」は主婦も含むと考えられる。

　父親、母親ともに農業従事者が最も多いのは中国に特徴的ですが、全体を見通しますと、いずれの国・地域も、学生の親たちはさまざまな社会階層に属していることがわかります。

法律に対する認識

　次に学生の法律に対する理解度を見るためにいくつかの質問をしました。例えば、「『中華人民共和国憲法』／『日本国憲法』／『中華民国憲法』を知っていますか」「『中華人民共和国憲法』／『日本国憲法』／『中華民国憲法』がいつ制定されたかを知っていますか」「『中華人民共和国憲法』／『中華民国憲法』がこれまでに何回改正されたか知っていますか」といった内容です。中国と香港の学生には『中華人民共和国憲法』について、台湾の学生には『中華民国憲法』について、日本の学生に『日本国憲法』について聞きました。

　憲法の存在については知っているという回答が大半を占めていますが、香港は他より若干低い数字となっています（図表3）。憲法の制定時期については、中国の学生は9割が知っていると答えているのに対し、香港、日本は5割に満たず、台湾は3割と対照的な結果を示しています（図表4）。これは、中国の政治教育の効果が現れていると言えるでしょうか。

憲法の改定については、中国、香港、台湾の学生に質問しました（図表5）。中国と台湾の学生は7割が知っていると答えましたが、香港の学生は2割を切りました。

　1997年に主権が中国に返還された香港は、「一国二制度」の下で『香港特別行政区基本法』に基づいて統治が行われています。つまり、香港は中国の一地域ではありますが、中国の憲法が香港で直接使われているわけではないので、中国の憲法の存在や制定時期を知っている人が中国より少ないのは、ある意味当然でしょう。ワークショップに参加した香港の学生は、中国の憲法についてではなく、香港の法律について質問すべきだと感じている人が少なくなかったようです。これについては、本書所収のラウ・トレーシーさんの論文をご覧になってください。香港において、中国の政治体制や法律に対する認知度や関心が低いのは、一方は民主主義、他方は一党執政体制という、政治制度の違いが非常に大きく影響しているからかもしれません。

【図表3　《中華人民共和国憲法》／《中華民国憲法》／《日本国憲法》を知っていますか？】

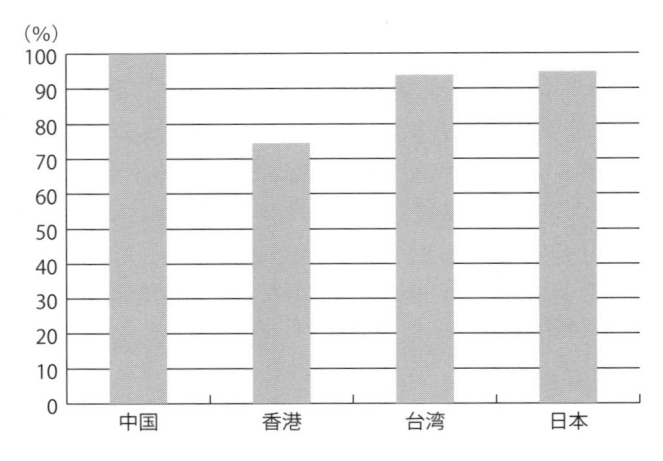

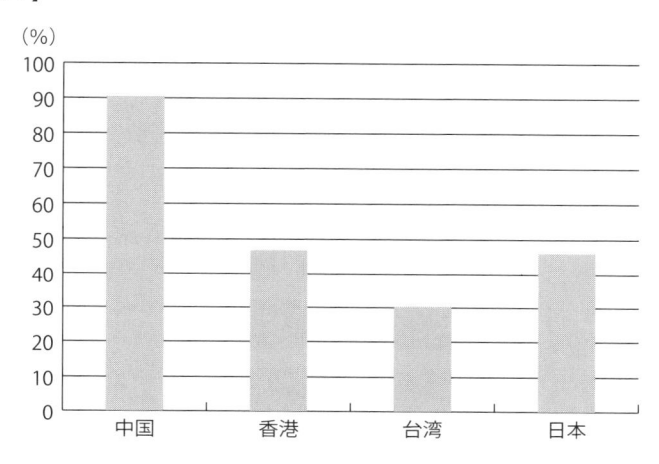

【図表5 《中華人民共和国憲法》／《中華民国憲法》がこれまでに何回改正されたか知っていますか？】

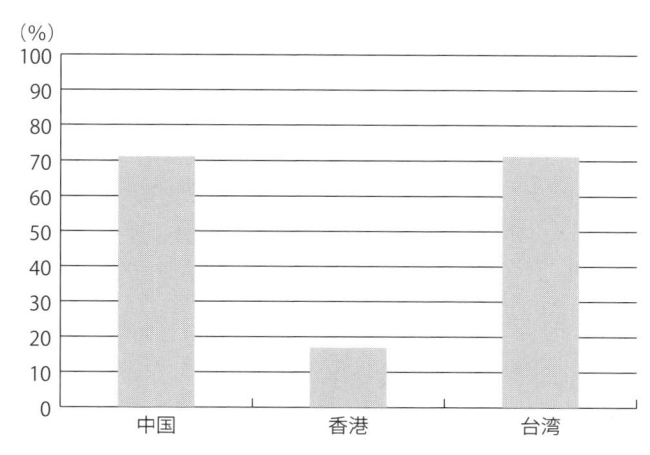

　憲法制定の目的をどう考えるかについても聞いてみました（図表6）。いずれの国・地域についても最も多かった回答は、「国家権力を制限し国民（市民）の権利を保護する」でした。日本だけ「政権与党の方針と政策を実現するためのもの」という回答はゼロで、中国は8人、香港は5人が当該項目を選択しました。「国民（市民）の行動規範を規定する」「国民（市民）

の義務を規定する」も、それぞれの国・地域で一定数の人が選択しています。憲法には国民の義務についても、権利についても書いてありますので、選択肢を一つに絞らせるのは適切ではなかったかもしれません。しかし、国家の権力を制限するというポイントは重要であり、いずれの国・地域でもその点を認識している学生が多いことがわかりました。

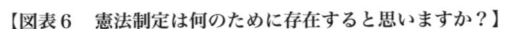

【図表6　憲法制定は何のために存在すると思いますか？】

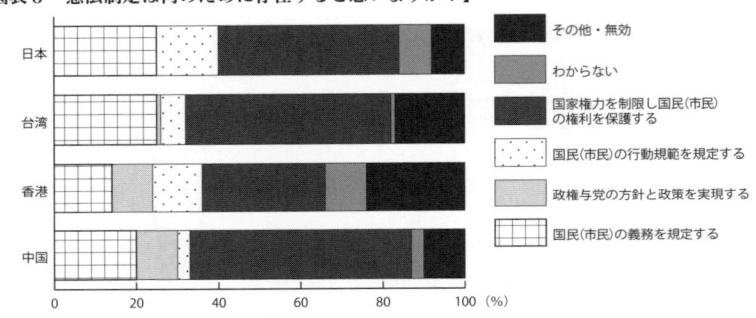

次に、国際法や人権について質問しました。世界人権宣言については、香港の数値が若干低いですが、ほとんどの学生が知っていると答えました（図表7）。「『世界人権宣言』に列挙された人権は、十分に保護されていると思いますか？」（図表8）については、ほとんどの学生が「一部については保護されていない」を選択しましたが、台湾の6割以上の学生が「まったく保護されていない」、日本の3割近い学生が「完全に保護されている」と回答しているのが対照的です。

【図表7 《世界人権宣言》を知っていますか？】

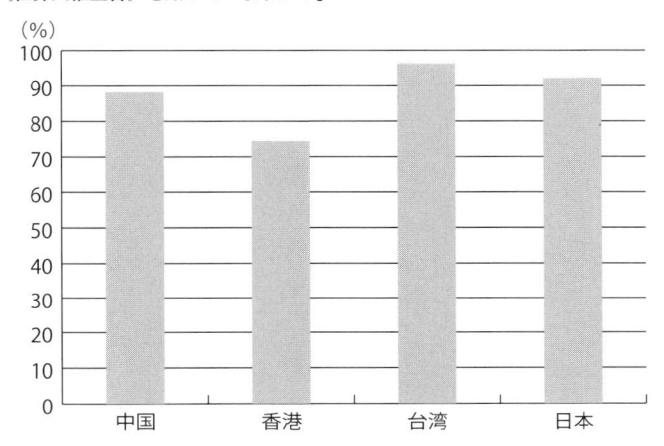

【図表8 《世界人権宣言》に列挙された人権は、十分に保護されていると思いますか？】

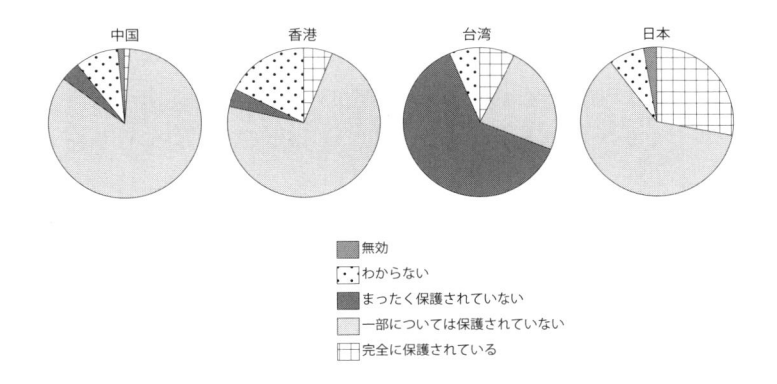

無効
わからない
まったく保護されていない
一部については保護されていない
完全に保護されている

　では、学生たちは具体的に何が問題だと考えているのでしょうか。「どの問題について人権が守られていないと思いますか」について、「一部守られていない」「まったく保護されていない」と回答した学生の人数と割合を見てみましょう（図表9）。

【図表9　どこにおいて人権が守られていないと感じますか？】

	国・地域			
	中国	香港	台湾	日本
	人数（％）	人数（％）	人数（％）	人数（％）
学校	27（36％）	11（22％）	26（33％）	4（10％）
職場	29（38％）	16（31％）	30（38％）	7（18％）
生活環境	46（61％）	28（55％）	21（26％）	7（18％）
外国人政策	12（16％）	2（4％）	21（26％）	14（36％）
マイノリティ政策	16（21％）	11（22％）	41（51％）	7（18％）
農民工・労働者・農民政策	40（53％）	20（39％）	33（41％）	7（18％）
障がい者政策	28（37％）	14（27％）	26（33％）	7（18％）
その他	25（33％）	7（14％）	5（6％）	1（3％）
わからない	1（1％）	4（8％）	2（3％）	2（5％）

　中国で突出して選択率が高かったのが、生活環境（61％）と農民工・労働者・農民（53％）でした。中国には都市と農村を区分する戸籍制度があり、社会保障や土地所有のシステムが都市と農村では異なります。農村戸籍を持つ人は都市で働いていても、都市の医療や教育、年金などのサービスの多くを受けることができません。都市で農業以外の仕事をしているにもかかわらず、農村の戸籍を持っている人を「農民工」と呼びます。これは他の国・地域には見られない中国特有の状況です。

　香港も同じく生活環境（55％）と農民工・労働者・農民（39％）を選んだ人が多かったのですが、香港の場合、農民工は存在しませんので、ホワイトカラーとブルーカラーの格差を問題と見ているのではないでしょうか。台湾と日本もこの項目を選んだ人が41％と34％にのぼりました。香港と同様、学生たちは社会階層間の格差を問題視しているのでしょう。このほか、台湾では51％がマイノリティ政策を、日本では36％が外国人政策を選んだことも特徴的です。

　学生たちの暮らす国・地域で差別があると思うかについても質問しました（図表10）。中国は、「深刻・重大な差別がある」と答えた人が35％以上と他よりも高い数値を示しています。日本は、「非常に少ない」という回答も見られました。

【図表10　現在の中国／香港／台湾／日本において差別があると思いますか？】

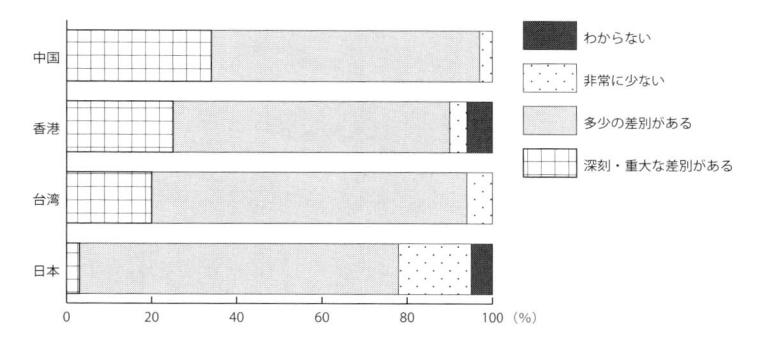

「どういった問題で差別があるか」について、「深刻・重大な差別がある」「多少の差別がある」という選択肢を選んだ人を集計すると、すべての国・地域で共通して「社会的地位」を選んだ人が多く、台湾と日本は「国籍・人種」、香港と日本は「性別」という回答も目立ちました。一方で、中国では「出生地」を選ぶ人が7割に及びました（図表11）。北京や上海のような社会保障の条件の良い都市の戸籍を持つ親の下に生まれた人と、経済発展の遅れた農村の戸籍を持つ親の下に生まれた人とでは、生涯に受けられる社会保障も利用出来る公共サービスも大きく異なります。中国では戸籍は親から引き継ぎます。都市戸籍の取得は、就職先の企業などを通じて手続きができますが、割当人数があり、近年は大卒のエリートでもそう簡単には取得できない状況です。

【図表11　どういった問題で差別があると思いますか？】

	国・地域			
	中国	香港	台湾	日本
	人数（%）	人数（%）	人数（%）	人数（%）
国籍・人種	20（26%）	29（57%）	64（80%）	16（41%）
思想・信仰	23（30%）	19（37%）	42（53%）	12（31%）
性別	44（58%）	31（61%）	44（55%）	21（54%）
社会的地位	62（82%）	40（78%）	59（74%）	20（51%）
出生地	53（70%）	27（53%）	31（39%）	7（18%）
身体・外見	44（58%）	31（61%）	51（64%）	11（28%）
学歴	47（62%）	23（45%）	60（75%）	13（33%）
収入	50（66%）	30（59%）	50（63%）	11（28%）
その他	10（13%）	2（4%）	11（14%）	2（5%）
わからない	0（0%）	0（0%）	2（3%）	1（3%）

　　頻繁にアクセスするメディアは、中国では『新浪網』(Sina) や『騰訊網』（テンセント）などのインターネットポータルサイトや『鳳凰網』（フェニックステレビのインターネットサイト）を最も多くの人が選びました。政治・経済や社会問題から、文化やエンターテイメントに至るまで、幅広く見ることができるポータルサイトは人気があります。『人民網』(人民日報のインターネットサイト）や中央テレビ、新華社などの官製メディアはあまり人気がないことがわかります。「南方メディアグループ」というのは、『南方都市報』『南方週末』『南方人物週刊』など、広東省を拠点に置くメディアです。調査報道などを得意としてきましたが、最近は中国政府による言論統制の影響を受けており、以前ほど活発にはスクープや特別報道を行うことができなくなっているようです。

【図表 12　どのようなメディアを利用しますか？：中国大陸】

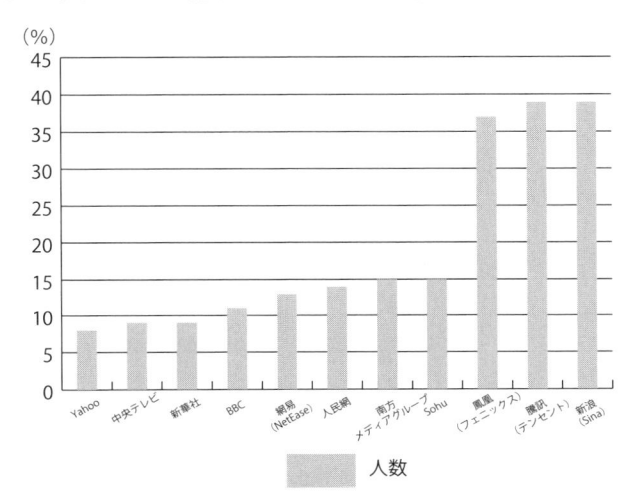

台湾、香港では、『アップルデイリー（蘋果日報）』、Yahoo、『自由時報』、『聯合新聞網』（『聯合報』のインターネットサイト）を選ぶ人が多かったです。『アップルデイリー』は大衆紙、『自由時報』と『聯合報』は台湾の四大新聞に含まれます。

【図表 13　どのようなメディアを利用しますか？：香港、台湾】

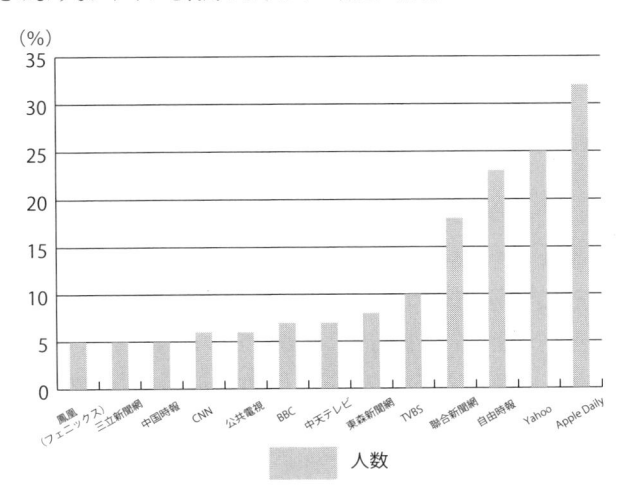

市民の行動、冤罪に対する考え方

　アンケート調査の最後には、市民である自らの行動や映画のテーマであった冤罪について質問しました。「一般庶民もメディアを通じて自らの声を発するべきだと思いますか」という質問には、「大いに賛成」、「賛成」と答えた学生が大半でしたが、特に香港で「大いに賛成」という回答が目立ちました。ちょうどこの時期に行われていた雨傘運動が影響していたのでしょうか。

【図表13　一般庶民もメディアを通じて自らの声を発するべきだと思いますか？】

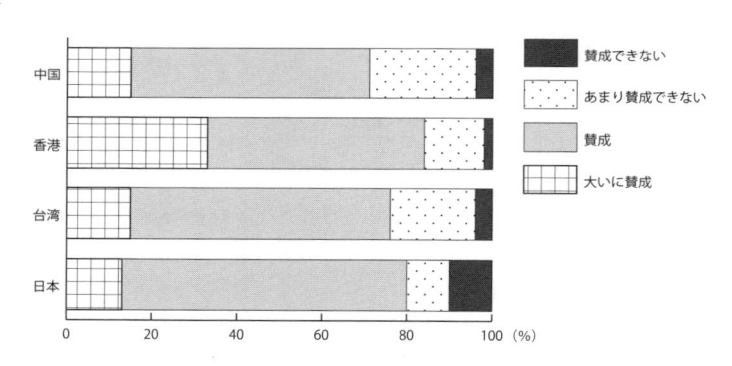

　映画の主人公は電車内で女性に対する痴漢行為を疑われて逮捕されましたが、同じような違法行為が中国、台湾、香港でもあると思うかをたずねました。中国、香港、台湾すべてにおいて、「ある。日本よりは少ない」と答えた人が多く、「ある。日本と同じぐらい」がその次でした。日本には痴漢が多いというイメージがあるのでしょうか。

　では、冤罪は中国、台湾、香港でもあると思うかをたずねると、台湾では99％、香港では86％の学生が「ある」と回答しましたが、中国では8割に達しませんでした。中国では「ある」と答えなかった2割以上の学生が、冤罪がないと考えているのでしょうか。

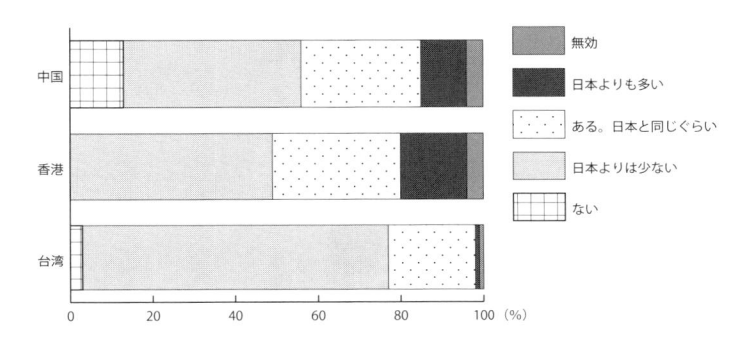

映画の中では担当の弁護士が「国家に対抗する」と述べましたが、この言葉をどうとらえるかについても聞きました。

すべての国・地域で「国家も過ちを犯す。弁護士は、被疑者・被告人の権利が国家による侵害を受けないよう、国家と闘わなければならない」という回答が最も多く見られました。「国家も過ちを犯す。しかし、弁護士は国家と闘ってはならない」の回答も中国で2割強、台湾、香港で1割強ありましたが、日本では1人だけでした。「国家は過ちを犯さない」という回答も若干数ありました（中国4、台湾1、日本2）。

国家権力も過ちを犯す可能性がある。これは事実です。国家権力が過ちを犯した場合に被害者が国家賠償を請求する権利は中国、香港、台湾、日本のすべてにおいて保障されています。また、弁護士は基本的人権の擁護と社会正義の実現を使命としているのであり、弁護士が、国家権力の濫用から個人の尊厳と人権を守るために、国家と闘う権利は保障されるべきです。当然、裁判になれば、逆に国家の側に立って争う弁護士もいるわけですが、「弁護士は国家と闘ってはならない」というのは誤りです。中国でこの回答が他よりもずっと多かったのは、正確な知識が普及していないという側面もあるのでしょうが、現在でも、弁護士や活動家らに対して「国家政権転覆罪」などの政治犯罪が頻繁に科されており、そうした状況が学生たちの認識に影響している可能性も考えられます。

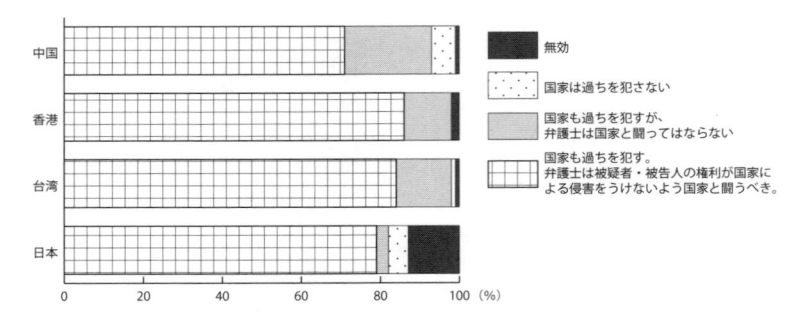

　最後に、台北教育大学でのみ行われた質問についてです。「もしあなたが映画の中の女子学生だったら、痴漢を捕まえますか」という質問に対しては、76人中60人（80%）が「捕まえるだろう」と回答し、「もしあなたが映画の中の主人公だったら、身の潔白を証明しようとしますか」には76人中61人（80.3%）が「身の潔白を証明する」と回答しました。

東アジアの大学生は『それでもボクはやってない』をどう観たか？

周防正行（映画監督）
齋藤麻穂（日本）
黄崇銘、沙佩琪、張庭瑋（台湾）
蒋蕾（香港）
李丹（中国）
司会　**山﨑直也**（帝京大学教員）

山﨑　それでは、第3セッション後半部、座談会を始めたいと思います。私は、司会を務めます帝京大学の山﨑直也と申します。登壇者は、第1セッションに引き続き、周防正行監督、日本から山梨大学学部生の齋藤麻穂さん、中国でNGOを主宰されている李丹さん、香港大学大学院生の蒋蕾さん、台湾からは3名、台北教育大学大学院生の黄崇銘さん、同じく学部生の沙佩琪さん、張庭瑋さんです。

　本セッションでは、東アジアの若者たちが『それでもボクはやってない』という映画を観て何を思ったか、あるいは法に対してどういう意識をもっているのかを議論します。登壇者のみなさんに事前に投げかけた4点の質問にお答えいただく形で始めたいと思います。第1に、この映画を観て日本の司法に対する考え方にどのような変化があったか。第2に、映画を観て日本に対する考え方にどのような変化があったか。第3に、映画の中で印象に残ったシーン。第4に、周防監督に直接きいてみたいことの4点です。まず、この4点について、各グループにお話しいただき、周防監督にいくつかの質問にお答えいただいてから、さらに自由に討論

をしていきたいと思っています。それでは、日本グループの齋藤さんから、よろしくお願いします。

裁判の様子に衝撃を受けた

齋藤 まず、司法に対する考え方ですが、さきほどのグラフ（第3部阿古論文参照）や石塚先生のお話（第2部石塚論文参照）にあったように、私はこれまで受験勉強の一環として司法をとらえており、ただ覚えることだけを考えていました。司法というのは、国家を成り立たせるもの、基準になるものと、漠然と考えていました。しかし、映画を観て司法の暗い部分や、人間が作ったものゆえの穴を目の当たりにし、大きな衝撃を受けました。たとえば、周防監督もおっしゃいましたが、裁判の様子に最も衝撃を受けました。証拠をすべてみられるわけではないことに驚き、裁判が真実を明らかにするということから、かけ離れていると感じました。冤罪という言葉をメディアで見聞きするたびに、法制度が十分ではないと考えてはいたのですが、映画を観たことで、その問題をより身近に感じるようになりました。法律がすべて正しいとか、今の制度がすべて正しいとか、そういった言葉をすべて鵜呑みにするべきではない、物事の正誤を自ら考え、行動すべきだと改めて感じました。

　次に、日本に対する考え方ですが、先ほどのアンケート分析の中で、「日本の司法は進んでいると考えていた」という学生のコメントがありました。しかし、私はもともとそのように考えてはおらず、映画を通じて、あらためて日本の法制度の不十分なところをみたという感じで、日本に対する考えに特に変化はありませんでした。しかし、この映画を通して、一人ひとりの人生を重く考える国にしていかなければならないという気持ちを強くしました。そして、外国では冤罪にどのような措置を取っているのかにも興味を持ちました。

　印象に残ったシーンは、2つあります。冒頭の痴漢のシーンが結構衝撃的で、ノンフィクションで、実際に見ているようでした。もう1つは、金子徹平の勾留が決まるシーンで、最初に観た時は、「10日間勾留します」

という大事なセリフを聞き逃していたのですが、もう一度DVDを借りて確認してみたら、その「10日間勾留します」という言葉がすごく無機質というか、罪を否認すれば即勾留というのが決まり事になっているような気がして、とても怖く感じました。また、留置場での生活風景も、日常とはまったくかけ離れていて、知りえない内容でとても印象に残りました。留置場に居る人たちは、罪を犯したのか犯していないのか、いわゆるグレーゾーンにいる人々のはずなのに、その人権が尊重されていないのではないかということを強く感じました。

　最後に、周防監督に直接おききしたいことですが、2つあります。先ほど印象に残ったと述べた冒頭の電車のシーンで、痴漢をしている人の手を映したカットを最初に持ってきたのは意図的であったのかということ。もう1つは、公開時にこの映画を観た時からずっと疑問に思っていたことで、金子徹平が控訴したその後が気になっていて、それをおうかがいできればいいなと思います。

科学的証拠ですら潔白を証明できないとは

黄崇銘　みなさんこんにちは。ここでは、私たちの映画に対する感想と映画から受けた影響についてお話したいと思います。

　はじめに、この映画の台湾でのタイトルを紹介したいのですが、台湾での「嫌猪手事件簿」というタイトルには、「嫌」という文字が使われています。この字は「嫌疑」の「嫌」であり、「疑わしい」、「人を不快にさせる」等、マイナスの意味を持つ言葉です。つまり、映画の登場人物がみな、何らかの先入観をもっていることを暗示しており、「無罪推定」の原則について考えさせるタイトルになっています。

　台湾の人々は、マスメディアの報道によって、司法に対して一定の疑念をもっているのですが、この映画を観て、実際に司法が不公正な審判を下すことがあるのだと認識しました。警察、検察等の司法機関の手続きが不十分なのではないか、関係者の間に先入観による差別があるのではないか、あるいは価値観の異なる人間によって異なる結論が出される

のではないかといった懸念が存在します。

　日本の印象ですが、私たちは従来、日本人は集団を重んじ、自己抑制ができる人々だと考えており、「痴漢」というものがあるとは聞いていましたが、大げさに言っているだけだろうと思っていました。しかし、この映画でそうしたことが実際にあるのだと知り、意外でした。もう一つは、日本人は他人と同じような選択をし、突出することを嫌う傾向があるので、不公平な待遇を受けても黙って甘んじるものだという印象を持っていました。ですから、電車の中で若い女子学生が勇気をもって自分の声を上げたことに感服しました。

　映画を観て、「正義は遅れて現れるかもしれないが、かならずそこに存在している」という考え方に疑問を抱くようになりました。最も衝撃を受けたのは、科学的な証拠でさえ潔白を証明してくれないことがあるということです。映画の中で、被告人の関係者は非常に公正に見える実験を行い、被告の潔白を証明しようと試みます。しかし、裁判官は結局、この証拠を取り入れないわけで、驚くとともに理解に苦しみました。このことは、私たちに台湾の情・法・理という言い方を思い出させます。私たちは、法を執行する者が感情という要素を考慮しながら、理性に基づいて判断を下し、法律に従うことを期待するわけですが、映画の中の天秤はバランスを失っているように見えます。裁判官は感情によって判断する傾向があるようですが、これは日本に特有の現象ではなく、どの国にもあることです。私たちはみな人間なので、感情が判断能力に影響するというのは、確かにあることだと思います。

　私たちのグループは、どのような国の司法制度であれ、情・法・理の均衡という目標を達成できるのであり、審判を行う者が被告人の立場に立って、公平公正な判断を下すことを期待しています。

　周防監督にうかがいたいことですが、第1に、「たとえ十人の真犯人を逃すとも、一人の無辜を罰するなかれ」という言葉の当否を判断するために、性的いやがらせに関わる事件を取り上げて人権というテーマを表現しようとした狙いです。第2に、映画を撮影する中でご自身の立場に変化があったのかどうか。最後に、この映画が人々の考え方にどのような

影響をもたらすと期待されたのかをうかがいたいと思います。

法曹三者の「密接さ」を感じた

蒋蕾 　最初にお伝えしたいのは、香港での議論に参加したのは香港出身の学生だけではなく、大陸出身の学生が7人、台湾出身の学生が1人いたということで、香港人の意見を代表することができていないかもしれません。それほど大きなものではないかもしれませんが、アンケートの結果に影響をあたえている可能性があります。

　結論として、日本の司法制度に対する見方に2つの変化がありました。

　第1に、私たちはもともと日本の司法制度を理解しておらず、無罪推定に基づいていると認識している程度でした。映画を観て、日本の無罪推定という概念に疑念が生じました。日本の司法は、無罪推定の精神を強調しつつも、現実には有罪推定で動いているのではないかということです。したがって、制度の上では、日本の法律は無罪推定を主張しているものの、個人が法廷に立たされることになれば、誰もが彼（女）を有罪だと推定するのです。映画の冒頭と結末は、このことを確証しているかのようです。「たとえ十人の真犯人を逃すとも、一人の無辜を罰するなかれ」の言葉で映画が始まりますが、その精神は最後に裏切られます。起訴された99.9%は有罪となる中で無罪判決を出すということは、裁判官にとって、相当に勇気のいることです。

　第2に、健全な司法体系であれば、たとえば検察、裁判官、弁護士がそれぞれ独立しているはずですが、映画を観て、この三者が強く結びついていることを知りました。たとえば、検察はその捜査のミスが発覚しないよう、プロセスが公正であると口を極めて証明しようとします。検察官と弁護士が事件を扱う態度、方向づけも非常に重要な要素で、容疑者に罪を認めて事が大きくならないよう勧めるということもあります。裁判官についても、二度無罪を出した裁判官は継続して事件を担当することができなくなりました。これらのことは、システムの中で三者の関

係が密接であることを感じさせるものです。システムの問題によって、公益の達成が妨げられるということが往々にしてあるのだと思います。

　日本社会については、これまでの考えが完全に覆るようなことはありませんでした。電車での痴漢犯罪は日本社会で非常に注目を集めている現象ですし、映画の題材そのものに日本の特色が現れていると思いました。国家機器のあり方と社会の価値観は、その他の東アジアの国々と似通ったもので、想像の範囲内でした。官僚機構に支えられた国家機器は非常に強大で、個人がこれに立ち向かおうとすれば、まったく無力だということです。

　最も印象に残ったシーンは、裁判官の交代のくだりです。裁判官の交代が事件の成り行きにどう影響するのか、興味をかき立てられました。もう1つは、日本社会における女性のイメージに関わるものです。映画の中で、ピンクのスーツを着た会社員風の女性が主人公は痴漢ではないと、自ら進んで駅員に訴えます。この行動は、私たちに驚きの声を上げさせるものでした。私たちのイメージでは、日本の女性は比較的保守的で、主体的に行動しないものと考えていたためです。このように自ら行動を起こすとは思っていなかったので、後に彼女が自分の意思で出廷して主人公のために証言するのを見て、この女性は留学帰りだと言っていたし、比較的欧米化した例外的な女性なのかとも思いました。そこについてはよくわかりませんが、私たちがイメージする日本女性とは少し違うと感じました。

　周防監督にうかがいたいことですが、「たとえ十人の真犯人を逃すとも、一人の無辜を罰するなかれ」という法の精神と、「百人の無辜を殺しても、一人の真犯人を逃すな」という現実の間の乖離について、どのように考えるかということです。

司法制度に正義は存在するのか

李丹　「交差点藝文空間」という私たちの組織の名前について、まず説明します。営利的な企業のような響きで、戸惑われた方もおられるかもし

れません。中国は恐ろしいところだとか、奇怪なところだとかいう人が
いますが、市民社会の人間に言わせれば、愛すべき場所であり、名前を
変えればそれで済むという所があります。私たちも以前は「東珍人権教
育センター」と名乗っていたので、攻撃されたり、活動が制限されたり
ということが多々ありました。この名前に変えてからは、活動の幅が大
きく広がりました。まさに名前の魔力ですね(笑)。

　私たちの現在の活動は人権教育、特に女性の権利に焦点を当てたもの
で、「中国国際女性映画展」という女性の権利に関する映画祭を３年にわ
たって行っています。

　私が着ている服についても、お話させてください。私は満州族で、こ
れは満州族の衣裳なのですが、今日はアイデンティティの話題が出ると
聞いていたので、満州族の一人として民族の衣装で登壇してみました。

　それでは、映画を観て、司法制度に対する見方がどのように変わった
のでしょうか。

　第１に、司法制度についてですが、みなさんと同様、絶対的な正義が
存在しないことを知り失望しました。中国も日本も、司法制度に暗部が
存在することに変わりはなく、あるのは程度の差のみです。日本は中国
より幾分ましで、あまりひどい冤罪はないかもしれませんが。

　第２に、日本は長い憲政の歴史によって、中国に比べ、司法の独立が
進んでいるのだろうと考えていました。しかし、映画の中で目にした弁
護士や検察官は、個人の利益のために司法の独立を保証しないのです。
弁護士、検察、裁判所が利益によってがっちりと結びついています。無
罪判決を出した裁判官が交代されるのは、その最たるものでしょう。

　第３に、無罪推定の原則は、アメリカや日本のドラマでよく目にする
概念ですが、このすでに長い歴史を持つ原則は、日本の司法体系の中で
貫徹されてはいないようです。

　第４に、映画を観る前、私たちは、法律に携わるか否かを問わず、誰
もが弁護士の役割を単純にとらえていました。つまり、法律の条文を解
釈し、手にした証拠で弁護を行うのみだと考えていたのです。しかし、
この映画が私たちに伝えるのは、現実の弁護士がいかにして司法体制に

向き合っているという問題であり、容疑者に罪を認めさせることで人質司法を避けるという選択さえ含まれます。弁護士は現実を重んじるべきか、あくまで正義を貫くべきかという問題が提起されているのです。

第5に、日本でも、同じ証拠に対して、裁判官個人の判断が判決に大きな影響をおよぼすということです。弁護士について単純に考えていたのと同様、裁判官は法律と証拠によって判決を下すのだから、同じ法律、同じ証拠を用いる限り、裁判官が誰でも同じ結果が出ると考えていたのです。裁判官個人という要素がこれほど大きな影響を持つとは、想像していませんでした。

次に、日本に対する考えの変化についてお話します。

中国人はみな、日本のアダルトビデオについてよく知っており、痴漢というものについても、一定の理解があります。しかし、性的いやがらせの処罰という点で、日本が中国の先を走っているというのは、意外なことでした。男女平等においては、日本よりも中国の方が先進的であると認識していました。しかし、この映画を観て、日本では性犯罪に対する法制が進んでおり、時に冤罪が起こるほどの厳しい検挙がなされていることを知り、驚きました。また、日本の留置場では被疑者・被告人の人権が尊重されているとも感じました。留置場というのは、世界のどの国でも最も酷い環境であるわけですが、日本では管理する側と管理される側の関係はあるものの、被疑者の人権が尊重されているとの印象を持ちました。一方で、警察の取り調べについて、中国の警察は公正な態度を取りませんが、日本でも警察が調書の作成において被疑者に真実と異なる供述をするよう誘導することがあると知り、意外でした。日本では社会の監視や被告人の権利意識が高いため、拷問など不公正な扱いが見られればすぐさま指摘や訴えが起こるものと思っていましたが、そうではないのだと知りました。最後に、些細な部分で、これは意識的な演出ではないかもしれませんが、作中に出てくる交差点の視覚障がい者向けの音声案内などの設備を見て、日本はバリアフリーの進んだ社会であると感じました。

印象に残ったシーンについてですが、1点目は、我々の仕事の目的は

被疑者が有罪であることを証明することだ、という検察官の発言で、彼らの職業意識に敬服する一方、その意識や行為に矛盾を感じました。被疑者が有罪であることを検察官が証明しようというのは間違いではないものの、手続き上、検察官は公正な態度を保つべきで、なにがなんでも罪を言い渡すことを目的にしたら、証拠集めの段階で強い主観が入り込みます。

2点目は、国家権力に対抗することこそ私たちの責任だ、という人権派弁護士の発言で、これを聞いて私たちはみな大いに驚きました。このシーンをカットしない限り、中国大陸では上映できないでしょう(笑)。

3点目は、主人公の勾留直後、ある人が罰金を払い、自分の罪を認めれば、すぐに釈放されるのだから、自分は罪を犯していないとかたくなに否認する必要はない、と吹き込むシーンです。このような制度は、有罪の人間でも罪を認めれば罰は軽くて済むが、罪を犯していない人間がそのことを頑強に言い通せば、却って大きな代価を払うことになるという錯覚を人にあたえるもので、法律制度は本当に合理的なのだろうかと考えさせられました。

4点目は、一つの事件の公判が10回以上も開かれるということで、私たちにとって実に大きな衝撃でした。中国では重大犯罪でない限り、2、3回の公判ですぐに判決がでます。軽微な性犯罪に対し10数回もの公判が開かれると知り、日本ではどれほど多くの資源を司法に投じているのだろうかと敬服しました。

最後に、周防監督にうかがいたいことですが、なぜ主人公を無職で朴訥とした性格のオタク風青年にしたのかということです。また、なぜ性犯罪の冤罪事件という話題を選んだのかも不思議でした。日本の司法体系を考えるということであれば、死刑の判決を受けた被告人の無実が後に発覚するといった、より衝撃的な事件もあるはずで、そのような事件であれば、観客に対してより直接的で、より大きな衝撃をあたえることができたはずです。なぜなら、公共交通機関における性犯罪となると、女性の保護という考慮から、多くの人がこれを見過ごせないわけで、ここがひとつ曖昧なところです。他方、死刑ということであれば、このよ

うなことにはならないわけで、重点が司法制度にあるのか、性犯罪にあるのかという曖昧さは生じません。また、正義を追求する過程において、映画がどのような意味を持ちうるか。撮影前に映画とその他の司法に関する運動がどのように結びつくと考えられたのか。上映後、何が実現し、何が実現しなかったのか。予想を超えて起こったことは何か。また中国のNGOとの連携について、お考えになったことはあるか。このようなことをお聞きしたいと思います。

金子徹平のキャラクター設定

山﨑　みなさん、ありがとうございました。先ほどのアンケートの分析にも、4つの土地の意見の相違が表れていたと思いますが、こうして直接お話を聞いてみても、それぞれに同じところと違うところがあり、非常に興味深かったのではないかと思います。

　それで、いくつか質問が出ていたわけですが、司会の方で各グループからの質問を整理して、周防監督にお答えいただきたいと思います。

　まず、李丹さんからの質問ですが、映画の主人公だと、もっと格好良く、パリッとした人物がいいんじゃないか、金子徹平というキャラクターは、無職で、性格も朴訥としていて、中国の方から見ると、オタクっぽくも見えるそうなんですが、なぜこのようなキャラクター設定にされたのでしょうか。

周防　これも第1部でちょっと言ったんですけど、この映画の主人公は裁判、「裁判のシステム」なんですね。で、裁判のシステムをどう見せていくか、ということが、主人公の設定から、犯罪についてまで、関わってきます。まず、特別な話にはしたくなかった。つまり、ありのままの、日本で行われている裁判の姿っていうものを、たとえば主人公は格好良くて頭も良くて、心も強くて、ってなると、やっぱりそれはある特別なヒーローの話になってしまう。ただ、これは、ヒーローの話をやりたい映画ではない。裁判っていうものをわかってほしい映画だったので、十人並みの人にしたかった、っていうのがあります。なおかつ、オタクか

どうかはわからないんですけど、無職の朴訥とした青年にしたっていうのは、守るものが無い人にしたかった。たとえば、サラリーマンの話にするとですね、家族ってものなんかも出てこざるを得なくなる。妻がいて子供がいて、裁判の最中にその妻や子供はどうなったんだろうとか、裁判を闘う時に、「僕は無実だ」って言って突っ走しれない要因がいっぱい出てくるんですね。なんでかって言うと、仕事も1年間、できなくなってしまう。家族をどうするんだ。奥さんは、旦那のことをどう考えてるんだ。やっぱり、直接裁判のシステムに関わらない人間の問題っていうのがいっぱい出てくるんですよ。で、実は、痴漢冤罪のドラマというのは、この映画だけではなくて、テレビドラマでも作られているんですが、すべて家族愛の話です。家族がどう闘ったか、っていう話になるんです。だから、裁判の話にはならないです。僕は、主人公を、さえない、守るべきものがほとんどない若者にした。家族もですね、母親がいるだけです。あと友達が出てきますが、とにかく裁判というものに集中できるような存在にしたかったので、こういう形になりました。痴漢事件は、性的な事件で、女性の人権の面からも考えられるので、テーマが拡散してしまう危険性は意識していました。ですが、無罪を争う事件って、さっき公判回数が10数回も行われて多いって言われましたけれど、無罪を争う事件で、1年間で済むって言ったらこれくらいの軽微な事件しかないんです、日本では。殺人事件にしたらこんなものでは済まない。何年もかかり、公判回数も多くなる。僕は、すべての公判を撮影するつもりでいたんですね。一回一回の公判がどのような意味を持つのか、その全てを表現したかった。軽微な事件で、12、3回の公判で済むものであっても、日本の裁判の構造を理解してもらうには十分だと思いました。ですから、裁判のシステムが主役だ、という風に考えていただけると、まあ理解してもらえるのかな、と思います。

なぜ痴漢冤罪事件を取り上げたのか

山﨑　ありがとうございます。2つ目の質問は、今の質問と重複する部

分があるわけですが、人権の問題を表現する上で、痴漢冤罪事件を取り上げたのはなぜかということです。中国からも台湾のグループからも、質問が出ていたところですが、たとえば、殺人事件とかであれば、もうちょっとインパクトが強い表現になったのではないかと。先ほどの質問に対する答えにだいぶ含まれていたような気もしますが、この点について、いかがでしょうか。

周防 強いインパクトをあたえるという意味では、僕は、殺人事件より、痴漢事件の、この、物的証拠がない中で、供述だけで、有罪無罪が争われるっていう現実の方が、僕にとってはインパクトが強かったですね。人を殺したか殺してないか、それで殺してもいないのに死刑になった、それは、インパクトは強いかもしれないですけれど、やっぱり多くの人にとって、特別な話になってしまう。多くの人に身近な問題として、自分のこととして考えてもらえる事件だと思いました。特別な話じゃないんだ、ってことを、この映画で伝えたかったんですね。基本的には、裁判の構造については、殺人事件でも、痴漢事件でも、一緒です。人が人を裁くっていうところは一緒です。ですから、証拠の扱い方とかに多少差は出てきますが、人が人を裁くっていう裁判の本質的なところでは、痴漢事件だろうが、窃盗だろうが、殺人だろうが全部一緒だと思っている。だから、なんの物的証拠がなくても、こういう風に有罪にできる、そういう裁判をしているから、殺人事件でも、冤罪が起きる、っていう風に僕は考えました。なおかつ、おもしろい映画を作ろうと思って作った映画じゃないんです。まさに、裁判の現実、日本の裁判の現実を伝えたいがために作った映画なので、いわゆる、普通の商業映画で考えられるような、感動させたり、おもしろがらせたりするための仕掛け、嘘というものは、一切ありません。だから、この映画が、もしつまらないって言われるんだったら、それが日本の裁判のつまらない現実だ、って開き直るつもりでいました。でも、やはり、これだけ僕自身が現実の裁判に驚いたわけですから、多くの日本の方も、裁判がこんな風に行われているっていう現実に驚いて、それが、おもしろい、っていう感想につながった

部分もあるように思います。

痴漢のシーンを冒頭に持ってきた意図

山﨑　それから、これは日本の齋藤さんから指摘があった点ですが、冒頭のシーンですよね、非常にショッキングなシーンで、実際にそこで痴漢が行われているかのような臨場感のあるシーンで映画がスタートするのですが、監督はこのシーンに非常にこだわりがあったとうかがっています。このシーンを冒頭に持ってきたことの意図っていうのは、どこにあったのでしょうか。

周防　あの、痴漢っていうのがどういう犯罪なのかっていうことを、世界の人にまず具体的に知ってもらおうっていう（笑）。僕が取材をして、最終的に痴漢事件の裁判っていうものを、テーマとすることに決めた時に、果たして痴漢っていう犯罪は、世界で理解してもらえるんだろうかと。単純に言うと、欧米では、痴漢だったらもう、ほぼ強姦に行くだろうと。それくらい、まあ、人混みで、女の人の体の一部にちょっと触ることに何の喜びがあるんだって思われやしないかって、痴漢っていうのはどういうものかって、まず見せようと思ったんです。そういう意図しかないことと、実際に混雑した車内で、触ってる状況を撮るとするとですね、ああいう風にしか撮れないっていう、要するに、おしりに触っている手からパンアップするなんて、それは混雑した中でリアルな画としてはまず出来ないわけで、部分部分で撮るしかないし、引いてしまえば、混雑した人に隠れて、わからなくなるわけだし、それを含めて、痴漢っていう犯罪がどういうものかっていうのを、具体的に表現したいっていう意図があって、ああいう撮り方になっていますね。でも、アジアでも、痴漢がそんなにポピュラーな犯罪ではないって思っていたので、さっきのアンケートで、ちょっとなんか、あるにはあるけど日本よりは多くない、ってことでしたけど（笑）、やっぱりあるんだと思って、まあ、アジア的な犯罪なのかもしれないですけどね。

実際のモデルがいる目撃証人

山﨑 香港から出た質問で非常におもしろいなと思ったんですが、裁判の終盤で重要な証人として登場する市村美津子という人物がいます。会場のみなさんには映画の人物相関図をお配りしていますが、この市村美津子という登場人物が、自分たちの思う日本人女性のイメージとかけ離れている、これは一体どういうことなんだと。物語の中で、ニューヨークに留学していたことになっているんですが、この設定はやはり、この人物が欧米化していて一般的ではないという効果を狙ったものなのかどうかっていうことなんですけれども、この登場人物についてはいかがでしょうか。

周防 まったくそんなこと考えてなかったです。やっぱり、日本の女性はいまだにそんな風に見られてるんだなって、驚きました。ちょっと僕も反省するんですけど、たとえばニューヨークに留学してるって、すいません、そういう誤解があるんだったらちょっとやめときゃよかったな（笑）。ただ、これは単に、長期間日本を不在にしていたってためだけに作ったことで、彼女が欧米化されていて、自己主張できる女性であることを示すために作ったものではないです。で、さらにいうと、これ、実際に僕が取材した事件の中であった出来事です。その女性は別に留学も何もしていなくて、僕たちがビラを配り、本当に映画と同じようにして、ある日、弁護士さんを訪ねて来られて、で、その場で録音しながら、その日目撃したことを話してもらって、なおかつ裁判にも証人として立っていただきました。僕はその人の私生活を知っているわけでも何でもないんですけど、目の前の不正義を見て、我慢ならずにものをいう、それは個人差あると思うんですけど、日本人の女性はおおむねそういう時に証言はしない、といったことはないんじゃないかな、と思っています。

裁判官が途中で変わるショック

山﨑　監督の意図を超えたところで留学という設定が重要視されていたってことにおもしろさを感じます。あと、これは香港、また他のグループからも指摘があった点なんですが、やはり裁判官が途中で代わるってことが結構ショッキングだったようです。特に交代前と交代後の裁判官のタイプが、まったく異なるものである、という。裁判においては、結局、裁判官の個人的な判断が大きく影響するんだっていう身も蓋もない現実を表現するために、裁判官の交代を物語に盛り込んでいったのでしょうか。交代後の室山裁判官が「ここは私の法廷です」というシーンは非常に印象的なんですけれども、本作における裁判官の描き方が、これまでの日本の法廷を扱うドラマや映画と違う点も含めてうかがいたいなと思います。

周防　まず、僕自身が取材をしてて、ショックを受けたんです。ある事件を追っていたら、ある日、裁判官が代わります、ってなって、その引継ぎは、元裁判官の方に聞いたんですけど、良心的な裁判官であれば、引き継ぎの時に、それまで自分が体験したことをメモにでもして、一応渡す。裁判官はそれぞれ独立した存在なので、本来なら余計なことかもしれないけれど、それまでの裁判の経過、その他、必要だと思われることはちゃんと引き継ぐようにする、と言ってらっしゃいました。でも、裁判途中での裁判官の交代は、意図的じゃなくてもあり得るんです。それは裁判官にも2、3年で異動があるので、常時100件から200件くらいの事件を持っている裁判官が、全部を解決して次の場所に行くなんてことは出来ないんですよ。絶対に何かの裁判が途中になってしまう。たまたま僕が追いかけていた事件は、被害者の尋問が終わった次の公判から代わったわけです。てことは、代わった裁判官は被害者の証言を自分で見て聞いてないんですよね。法廷でしゃべった生の様子を知らずに、残された文字の記録でしかその裁判の経過を辿れないとするならば、それ

はあまりに不公正というか、僕が被告人だったら、新しく代わった裁判官で最初からやり直してほしいと思うだろうと。そういう驚きがあったので、この驚きはやっぱり、日本の裁判の現実の一つですから、是非多くの人に知ってほしいと思った。ただ、代わった後にどんな裁判官が来るかっていうところについては、実は、いろんなタイプの裁判官を見せるっていう意味でも有効だと思いました。今までドラマで描かれてきた裁判官には、まるで人格がないような公平なマシーンであるような人が多かったので、裁判官にも人格がある、つまり人間であるということを示したかったというのもあります。で、最初の大森裁判官のようなタイプっていうのは、残念ながら少数派です。次に出てくる室山さんが、僕が取材した限りにおいてのスタンダードです。ここは私の法廷です、という言葉ですが、要するに、裁判官が法廷を支配しているんですね。ああやって傍聴に来た人が多かったら出ていけっていうのは当然だし、たとえば大森裁判官のように入って来て、おはようございます、なんて言う裁判官もまれです。いることはいますけど。取材をしていて、裁判官は法廷を支配する権力者であるっていう印象が強かったので、そういうタイプの人を出したかった。日本には『裁判官Who's Who』(現代人文社、2002年) っていう本があって、どの裁判官はどの事件でこういう判断をしたというようなことが書かれています。それぞれの裁判官がどういう傾向にあるかっていうのは、それまでその人が下してきた判決をみれば大体わかるわけですね。弁護士さんは、自分が当たった裁判体は、どんな裁判官だろう、ってやっぱり知りたいわけですよ。判決の傾向を見ると、あ、だめだとか、いけそうだ、って思いつつ、どう弁護を進めていくか作戦を練るんですよ。裁判は、裁判官次第なんです。もちろん、弁護士や検察官の能力も影響しますが。私たちは選挙の時に、最高裁判事の信任不信任の投票をしますけど、あの時も、その裁判官が今までどういう事件でどういう判決をしてきたかっていうのは、資料をみようと思えばみられるので、それをみて判断してほしいなって思います。

　この映画の主人公は、その後控訴審でどうなったんだろうっていう質問はよくされます。正直に答えると、数少ないまともな裁判官に当たれ

ば無罪だろうし、そうではない、その他大勢の裁判官に当たれば有罪は維持されると。そうにしかならないので、映画として描いてもあまりおもしろくないな、っていうのがあります。もちろん、弁護士の十分な弁護活動があったうえでの話ですが、有罪無罪は裁判官によってかなり左右されると思います。

「十人の真犯人を逃すとも、一人の無辜を罰するなかれ」

山﨑　ここまで、各グループからの質問をまとめて、5問ほど監督にうかがいましたが、いずれも深い答えが監督から返ってきて、東アジアの学生さんが鋭い質問をされていたんだな、とあらためてわかりました。もうちょっと発展的な質問もありまして、たとえば、台湾と香港から出てきた質問ですが、冒頭に出てくる「たとえ十人の真犯人を逃すとも、一人の無辜を罰するなかれ」という言葉ですが、これについて、台湾グループから映画の撮影前と撮影後で、監督自身、この命題に対する立場の変化があったのかどうか。それから香港から、「百人の無辜を殺めても、一人の真犯人を逃すな」が現実ではないかという指摘もありましたが、現実との矛盾といったことについて、監督のお考えをききたいということがありましたが、いかがでしょうか。

周防　まず、「十人の真犯人を逃すとも、一人の無辜を罰するなかれ」という言葉も、実はそれまで、疑わしきは罰せずという言葉で裁判を理解していたのですけれども、この言葉に出会った時に、これが多分、人が人を裁いてきた長い歴史の中でようやく辿り着くことができた最善の考え方なのだろうと思ったんです。第1部でも少し言いましたけども、なんで人が人を裁かなければいけないのか、要するに、まあ簡単に言えば共同体で生きていく中で、その共同体のルールみたいなものがないと、皆が安心して暮らせない。だから共同体のルールを破った人にはある一定の罰を与えて、ルールを破らせないようにする。これはもう、人が共同体の中で生き始めてから、裁かざるを得ないということで生み出され

たシステム、それが裁判だと思うんですね。でも、その長い長い裁判の歴史の中で、人間はようやく、この考え方に到達したんだと、到達点ですよね。人が人を裁いてきた歴史の中の到達点。絶対に無実の人を罰してはいけないんだ、その戒めというんですか、本当に素晴らしい到達点。でもここに到達するまでに何人の人が冤罪で苦しめられてきたんだろう。魔女裁判の歴史も含めて、やっぱり、僕は人間がようやくたどり着いた到達点なんだということで、すごく大事なものだと思っています。ただ、果たして、本当に、そういう風に、いま、日本で生活している人が思っているんだろうか。この言葉を投げかけられたときに、本当にそうだって、僕らは言えるんだろうか。それを投げかける映画でした。

　他方で、これ、まったく逆の考え方があるわけです。いまおっしゃったように、百人の人を間違って殺めちゃったって、絶対真犯人逃しちゃいけないんだっていう、そういう考えって、僕、あると思います。共同体の約束事ですから。で、実際に、考えてほしいのは、たとえば生活していて、近所に、朝からうろうろしてるよく知らない怪しそうなおじさんがいて、小さい子供をもってるお母さんたちが何かすごくやだな、怖いな、って思ってたら、あの人どこかに隔離してほしい、って思う気持ちはどこかにあるんじゃないか。で、そういうレベルで考えると、こういうこと、「十人の真犯人を逃すとも、一人の無辜を罰するなかれ」なんて、本当に言えるのだろうか。そのことをやっぱり考えてほしかったんですね。僕はやっぱり、「十人の真犯人を逃すとも、一人の無辜を罰するなかれ」と言える社会でありたいと思いますけども、みなさんどうですか、っていう問いかけ、でした。

　実をいうと、裁判官はこのことを理解していると思ってたんですけど、今も残っているかどうかわかりませんが、ある裁判所のホームページで、裁判官の仕事は社会秩序を守ること、治安を守ることだと答えている若い裁判官の方がいらっしゃいました。それ見て僕は驚いたんですね。ホームページでそんなこと言ってるのかと。僕は、裁判官の一番大事な仕事は、人権を守ることだと思っています。人権を守る最後の砦となることが裁判官の一番大事な仕事だろう、と僕は思っているので、本当に驚きました。

治安や秩序を守ることが裁判官の最大の仕事だと考えるならば、「十人の真犯人を逃すとも、一人の無辜を罰するなかれ」は、その人にとってあまり重要なことではないだろうと思います。要するに、真犯人がここにいます、捕まえました、はい、裁かれました、ということで、一応社会秩序は保たれる。もう犯人捕まりました、っていうことが社会秩序を保つことだって、やっぱり考えてしまうんじゃないかと。無罪にするということは、この人は真犯人ではありません、真犯人は別にいます、っていうことを宣言することですね。あるいは真犯人かもしれないけど証拠が十分じゃないので有罪とはいえません、と宣言することです。そんなことをしたら社会的な不安を招くって考えてもおかしくはない。だからそうすると、やはり、今の多くの裁判官が、社会的な安定っていうんですかね、秩序っていうんですかね、それを重く考えるならば、検察官が自信を持って起訴した被告人に、無罪ですっていうのはなかなか難しいだろうなって、思いました。とにかく、裁判官にこそ、「十人の真犯人を逃すとも、一人の無辜を罰するなかれ」っていうのを強く肝に銘じてほしい。

　それと、映画の最後で「どうか私をあなたたち自身が裁いて欲しいと思うやり方で裁いて下さい」という言葉を引用しているのですが、これはアメリカの裁判で、被告人が陪審員に向けて言った言葉です（アンジェラ・デイビス編著、袖井林二郎訳『もし奴らが朝に来たら―黒人政治犯・闘いの声―』現代評論社、1972年）。僕はその言葉を最高裁をバックに使わせてもらいました。まさか日本の裁判官が「自分が裁かれる」ことなど想像するわけないでしょうから、あえて僕は裁判官のみなさんに言うことにしました。裁判官が真の意味で、人権を守る最後の砦であろうとすれば、日本の裁判は大きく変わると思います。

山﨑　今のお話なんかは、第1部の張万洪先生のお話とも重なる部分がありますね。つまり、真犯人が捕まらないと社会が安定しないってことが凄く大きなプレッシャーになるというご指摘は、張万洪先生からもありましたし、あるいは台湾の徐筱菁先生の発表の中で、台湾の学生さんが、映画を観て討論した後でも、「何はともあれ一度拘束してから」という考

えを自分は変えないというアンケートの回答もあったと。社会秩序が保たれることに重きを置く考え方は、日本に限らず、東アジアには結構あるのかもしれません。

　次は、台湾と中国から出ていた質問ですが、本作品がどのような社会的影響を生むことを監督は期待したのか、ってことですね。この映画を撮ることで、実際どのようなことが実現し、どのようなことが実現しなかったのか。あるいは海外からの反応。先ほど、李丹さんから中国のNGOとの連携に興味がありますか、という話もありました。また、さきほどは、監督から冒頭のシーンは、痴漢という概念がないところで、それがどのような犯罪であるかを世界の人にわかってもらうためにこそ必要だった、というご説明もありました。本作がどのような社会的影響を生むことを期待したか、実際そのあとに実現したこと実現しなかったこと、東アジアを中心とする世界からの反応については、いかがだったでしょうか。

周防　とにかく、一人でも多くの人に、日本で現実に行われている裁判がどんなものかを知ってほしかった。まず知ってもらうこと、それはなぜかというと、僕自身が本当に驚いたからです。僕は、新聞記事がきっかけで、ある痴漢事件が東京高裁で逆転無罪になったことを知り、裁判の取材を始めたんですけど、まさか、疑わしきは罰せず、ということがまったく行われていないなんてことは思ってもいなかったし、証拠開示の問題にしても何にしても、僕が漠然と思い描いていた裁判の姿と、現実があまりにも違ったので、たぶん多くの人も知らないんじゃないかと思ったんです。まず、日本の現実の裁判を知ってもらって、その上でこのままでいいのか、っていう問いかけをしたかった。実際1本の映画が社会を大きく変える、すぐさま社会を大きく変えるなんてことはない、と思ってましたが、少しでも知る人が増えることが重要だ、と思っていましたので、そのつもりで、ありのままの裁判を描きました。山梨大学の学生さんの感想を読ませてもらいましたが、映画だからいくらか誇張があるだろう、って書かれていたんですけど、誇張はしていません。誇

張どころか抑えてます。何でかって言うとそれ以上やると、ああ映画だからね、って言われそうだから。それくらい現実はひどいです。さっき中国の方に、日本の勾留の状況が人権を守ってるって言われて、ちょっとショックだったんですけど（笑）、かなりひどい、僕はひどい状況だと思いました。実はこの映画の公開後に、最高裁まで行って争われた痴漢事件で、被害者証言しかない痴漢事件における判断について、最高裁の方から、疑義が出されました。被害者証言だけを根拠に有罪にしてはならないということで、逆転無罪が出たんです。映画が直接影響したかどうかはわかりませんが、何人かの弁護士さんに、映画の影響があったと思う、と言われました。

　もう一つは、これはもう確実に、裁判官の方から聞いたんで、それも会議の席で聞いたんで、本当だと思うんですけど、痴漢事件で、否認しているからといって勾留する事件は少なくなりました。今でも確かに、否認して勾留される痴漢事件はありますけど、前は、ハンコ押したように当たり前にそうだったのが、弁護士さんに聞いても、在宅取調べという形で、勾留されないケースが多くなってきているようです。それもかなりの変化だと思います。

　もう一つは、僕が法制審議会に呼ばれたってことです。まさかそんなこと、考えてもいなかったんですけど、一映画監督が司法改革の会議の委員に選ばれたわけですから、いい悪いは別にして凄いことだなと思いました。僕を取り込むことによって、その会議の、何て言うんですかね、一般の人に与える影響っていうんですか、こういう映画作った監督も参加した会議で作ったことなんだから公正なものですっていう、そういう材料に使われる、ってことだったかもしれないですけど、少なくとも社会に対してそれくらいの影響力があるって思われたことは驚きでした。映画ってたいしたもんだなと。この映画を撮ることで、少し、今までの流れとは違うものが生まれて、司法というものに少し影響を与えることができたのかな、とは感じました。

　他の国の観客の反応については、アメリカ、オーストラリア、イギリスといったところでは、実際に上映に立ち会って、話を聞きました。ア

メリカでの上映では本当に笑いが多くて、実は傷つきました。日本って こんなバカなことやってんだ、って笑われているような気がして。ナショ ナリズムって怖いなって思ったんですけど (笑)、こういう映画を作って おきながら、なんか日本の恥をさらしているようで、非常にいたたまれ ない気持ちになりました。オーストラリアでは違う映画だったんですけ ど、『終の信託』という、司法は医療にどこまで介入すべきかというテー マの映画を上映した時に、映画が終わって最初の質問が、何で取り調べ に弁護士が立ち会っていないんだ、って聞かれて、ああやっぱり、かな り差があるなと思いました。残念ながら東アジアでの上映でこんなにま とまって感想を聞くのは今日が初めてでした。実は海賊版がいっぱい出 回ってるのは知っていたので (笑)、多くの人が観ているとは思っていま した。人権に関しては、それぞれの国の考え方とは関係なく、世界共通 に守られなければならないものだと思います。だからこそ、国を超えて 結びついて、人権を守るべく運動していくべきものだと思います。ただ、 中国の方に、日本の勾留の状況が人権を守っていると言われてしまった ので、人権の意味するところを深いところからですね、きちんと話し合っ ていかなきゃいけないんだと、そういう思いが今日強くなりました。

これからも司法を題材に撮りたい

山﨑　これで、若者のみなさんからのコメントをふまえた質問は最後に なります。先ほど、監督が先取りする形で答えてしまわれた部分もあり ますが、日本の齋藤さんから、控訴した後の結果っていうのは監督の心 の中にあるのかと。先ほどのお話では、このまま撮り続けてもおもしろ いものにはならない、ということでしたが、本作の続編ではないにせよ、 司法という題材と監督の今後のつきあい方、つまり、司法を題材にした 映画をこれから撮るお考えはありますか。

周防　撮りたいと思ってるんですね。やっぱり、人が人を裁く、という ことに対する畏れ、っていうんですか。僕らは当たり前のように、裁判

で真実が明らかになるのだと思っていて、出るとこ出ようぜ、みたいな風にして、裁判所に行けば、公正な判断が仰げると信じて、疑ってないんですけど、そもそも、人に人を裁くことができるのかということなんです。僕は裁けないと思っているんですけど。でも裁かなければならない現実がある。ならば、どういう風にすればいいんだろう。そこをやっぱり、考えたい。ある有名な裁判で、裁判官自身が、真実は神のみぞ知るって言ってしまったように、でもそれは、本当にそうだと思うんですよ。だからこそ、人が人を裁くときに、間違いが起こることを前提に、その間違いがいかに小さな間違いで済むのか。もし間違いが起きてしまっても、それをすぐさま正せるような仕組みをどう作っていくのか。学生さんの感想を読んでいてショックだったのは、密室での取調べを録音・録画すれば、本当のことを話す人が少なくなる、自白が取れなくなる、取り調べて重要なのは自白を取ることだって書いている学生さんがいらっしゃって、本当にショックを受けました。人は人がいない密室でしか本当のことを話さないんだとしたら、公開の裁判って何なんだろう。裁判も密室にしないと、検察官と、裁判官と、弁護士と、被告人だけでやらないと真実は明らかにならないということになる。そして、本当に供述証拠をもとに判断していいのか、自白調書は重要な証拠なのか。実は供述ほど当てにならないものはない、というのはさまざまな裁判で明らかになっているんです。さらに、裁判はなぜ公開が原則となったのか。人が人を裁くっていう本質的なことについて、きちんと考えをめぐらせることができる映画を作る必要があると強く思いました。

山﨑 司会がしゃべりすぎているように見えるんですが、これは若者のみなさんの意見をふまえて代弁してるわけでありまして (笑)、私がしゃべりすぎているわけではありません。みなさんに事前に用意していただいた質問については、監督にたっぷりお答えいただいたので、いよいよ、監督と若者のみなさん、それから若者同士の討論に入りたいと思います。

　いきなりですが、若者のみなさんが監督に言いたいこと、逆に監督から若者のみなさんに語りかけたいことがあればということで、いかがで

すか。若者のみなさん、これまでに出た話以外で、この話を監督に聞いてみたいな、ということがあれば、いかがでしょう。先ほどの監督のお答えもふまえて。

法律の間違った運用をもたらす「解釈」

周防　まずは僕の方から、いくつかの誤解を解くために話します。香港グループの方で、印象に残ったシーンは裁判官の交代って書かれていた方がいて、で、次、高裁で裁判官一緒なんですか、ってあったんですけど、もちろん、高裁は裁判官も代わるし、裁判官の構成も３人になるし、違う裁判体になります。控訴審では裁判官が代わるということです。

　あとその、裁判の公判の回数が多いっていうのは、これ否認事件、罪を認めてない事件の話で、罪を認めている事件は、恐るべき速さで結審します。本当に30分くらい、一応証拠調べしたら、裁判官が後ろに消えて、15分後くらいに判決、っていうのがあるくらいで、こんなに回数が多くなるのは、罪を認めない、否認事件のものだから、回数が多くなっています。

　あと、香港グループの方で、裁判官の無罪推定、っていうものが、建前だけで、個人によっては有罪推定であるとおっしゃっていたかと思うんですが、建前と本音って言い方をよくしますけど、法制審議会に参加して思ったんですが、日本の刑事訴訟法って、そんなに悪いものじゃないんですよ。作ったときの意図を理解し尊重して運用すれば、そんなに悪いものじゃない。ただ、使う側、たとえば警察や検察が自分たちの都合の良いように法律を解釈して運用するからさまざまな問題が起きる。法律では例外になっていることが、実務では当たり前になっていくこととか、そういうことが、起きているんですね。だから、建前と本音というのは、建前が法律で、だけどそれを守っていると何もできないので、本音として、自分たちのやりたい実務を実現するには、どう法律を解釈し、運用すれば良いかということになるんです。法律と、実際にそれを運用する実務で、大きな差が生まれている。本当はそういうことで、その実

務に差が生まれないように、その法律が間違って運用されないように、どんどんどんどん法律の意図が明らかになるように改訂していく、そういったことが必要なんだなって、法制審議会で、非常に強く思いました。警察の人も検察の人も、刑事訴訟法を守ってやっていますっていう風に言うわけですよ。そうです、彼らなりに守ってるんです。自分たちに都合よく解釈しているんですけど、彼らにとってはそれは法律を守っているということなんです。勾留の問題にしても何にしても、法律そのものの考え方はおおむね問題がないのですが、今言ったように解釈で違いが出て、実務で問題が起こっている、っていうのが、客観的な判断かなと思います。

「無罪推定」は各地で貫徹されているのか

山﨑 ここで、若者のみなさんに投げかけたい問題があります。周防監督がこの映画を撮られた動機に、無罪推定の原則が守られるべきという強い思いがあったと考えられるのですが、今日はせっかくいろいろなところから来ていただいているので、みなさんが暮らしている台湾なり、香港なり、中国なり、日本なりで無罪推定の原則というものが、どの程度貫徹されていると言えるか。あくまで個人の考えということにはなりますが、この点について、うかがいたいと思います。台湾のみなさんいかがですか。この原則は台湾において守られていると思いますか。

黄崇銘 無罪推定の原則は、台湾でも常に議論されている問題ですが、私自身も法律を学ぶ者として、この原則が本当に実現可能かどうかについて、ずっと疑問を持っています。私はかつて検察官になった先輩にこの問題について質問を投げかけたことがあります。裁判の場で本当に無罪推定の原則を堅持できるのか、たとえば、警察が容疑者を連れてきた際に証拠をもって判断しているのかと問うたところ、先輩は直感で判断していると答えました。つまり、直感でこの人間は犯罪者であるかどうかを判断していると。これは私の身近な例であって、台湾の司法制度全

体を表しているわけではないのですが、有罪推定か無罪推定か、というのは大きな問題です。

　また、台湾でも司法改革の動きが進んでいますが、その中で日本の経験が台湾の司法改革に多くの貴重な観点をもたらしています。法律のシステムを改正して、無罪推定の原則を守ることができるように改革をしているのですが、無罪推定は単なる価値や信仰ではなく、客観的な制度を通じて実践されなければいけません。検察官も人であり、法は人が解釈し、適用するものである以上、私たちは客観的な制度によって主観的な法の執行をどこまで改善できるかどうかを常に考えて行かなければなりません。台湾はまさによい方向に向かうよう努力を続けているところです。

蒋蕾　私は法律を学んでいる学生ではありませんので、ここでは法律の議論ではなく、私自身の経験についてお話します。上海と香港の警察の事件に対する異なる対応についてです。以前、香港から上海に帰るときに荷物の盗難に遭いました。上海の空港で荷物を受け取る時に、カバンが軽くなったことに気づき、見るとカバンのポケットが開いていて、大枚をはたいて買ったカメラがなくなっていました。そこで、空港のカウンターで盗難を伝えましたが、航空会社からは警察に届けるようにとだけ言われ、空港の警察の詰め所に向かいました。上海浦東空港の警察は、行動が早く、彼らが実際に映像を見たかはわからないのですが、防犯カメラをチェックしたが異常はなかったので、香港の空港で探すように言われました。香港に戻って空港で尋ねたところ、警察は私の話を聞き、記録を取っただけでした。法律の規定により、カメラを盗られた証拠がなければ防犯カメラの映像を見せることも、人を引き留めて事情を聞くこともできないと言うのです。もし私のカメラらしきカメラが中古市場に出回っているのを見つけるようなことがあれば、連絡をくれるとのことでした。結局、カメラは帰ってきませんでしたが、そのことより上海と香港の警察が取った行動の違いに驚きました。

李丹　無罪推定については、先に張万洪先生からも言及がありましたが、中国では民衆も警察もこの概念に対する理解が不十分です。その理由の一つは、メディアのあり方で、政府がメディアを使って事前に有罪を印象づけるために、人々は警察に逮捕された者はみな悪人だと思ってしまうのです。かつてはセックスワーカーにこのイメージがありましたが、ここ数年はNGO関係者であれ、知識人であれ、影響力をもって政府を批判する人物に対して、このような手段が採られています。メディアに報じられている時点で、証拠は十分にあるのだろうという印象を人々は持ってしまいます。このようなメディアの報道は、無罪推定の原則に対する一般民衆の感覚を著しく損ねるものと言えるでしょう。

山﨑　メディアの影響については、台湾グループの発言の中でも指摘されていましたし、先ほど張万洪先生のご報告の中でも、検察官に対するメディアの圧力があるということが語られていました。このメディアの問題は、また後ほど取り上げて議論したいと思いますが、最後に齋藤さん、若者の立場で、推定無罪の原則は日本の司法で十分に守られているとお考えでしょうか。

齋藤　私自身は推定無罪の原則が守られて欲しいと思っていますが、先ほど周防監督が言及された子どもを持つ親のように、立場によっては有罪推定的な行動を取るかもしれません。それは誰しも、親の立場であったら考えることかもしれないので、日本で推定無罪が十分に実践されているかといえば、そうではないでしょう。

山﨑　ありがとうございます。無罪推定が十分に貫徹されているという勇ましい答えは、どの地域からも返って来なかったわけですが、映画の公開時と現在を比べて、事態が良い方向に向かっているのか、あるいは悪い方向に向かっているのか、周防監督のお考えはいかがでしょうか。

メディアと司法の関係

周防　どうなんでしょうかね、より悪い方になっている、というのを実感したことはないですね。少なくとも僕は、新聞の見出しであるとか、ニュースでセンセーショナルに、端からこの人が真犯人であるかのような報道は、あまり信じてなくて、厚生労働省の村木（厚子）さんの事件[1]のときも、最初に報道されている時から、そんなのわかるわけないじゃない、って思いながら、見てたんで、ある程度の人は、報道が真実とは限らないっていう風に考えているんじゃないでしょうかね。だって、取り調べ中のことが、いろいろ報道されるってことは、そのニュースソースは、警察や検察発表なわけでして、自分たちが、今の中国の例の通りですね、警察や検察が、自分たちの持って行きたい方向に、情報を流すなんてことは、ごく普通に行われていることだし、そういうことをわかっている日本人の数も増えているんじゃないかって思うので、まあそんなに悪くなっているとは思わないんですけど、マスコミ報道はあまり改善されているとは思えないですね。マスコミは、色んなことに慎重に、誰に配慮しているのか知らないですけれども、色んな事に慎重になりすぎていて、もっともっと大胆に、記事を書いてほしいなと思うんですね。で、取材している時にすごく印象的だったのは、ちょっと、雲行きが怪しい裁判っていうか、まあ有罪だろう、と思われていた事件が、いやそうでもなくてこれは冤罪かもしれないっていうときに、けっこう記者がですね、ちゃんと取材をしているんですね。でも、結果、その事件が、有罪で終わるとですね、一切、その間の、取材した事っていうのは、どこにも発表さ

1　2009年に、当時、厚生労働省の課長だった村木厚子が、障がい者団体向けの郵便料金の割引制度の不正に利用したとして、大阪地方検察庁特別捜査部によって虚偽有印公文書作成・同行使罪で逮捕・起訴された。2010年に、大阪地方裁判所は、村木に無罪判決を言い渡したが、その後、検察のずさんな捜査が明らかとなり、逆に、村木の担当検察官が証拠を改ざんしたとして犯人蔵匿及び証拠隠滅の罪で逮捕・起訴され、有罪判決を受けるという異例の事態になった。
　　この村木厚子冤罪事件／大阪地検特捜部証拠改ざん事件を受けて、法務大臣の私的諮問機関として「検察の在り方検討会議」が設立され、さらに、その後の「法制審議会・新時代の刑事司法制度特別部会」（第1部対談注1）の設置へとつながっていく。

れることなく、要するに、有罪で終われば、裁判官がどんなにおかしいことをやっていても、検察や警察がどんなにおかしいことをやっていても、そのことは報道されずに、終わるわけです。要するに、冤罪だったかもしれないけども、裁判で無罪にならない限り、冤罪だっていう認識も、生まれないような仕組みになっているので、世の中には、冤罪って言ったって数少ないでしょ、って思っている人がかなりいるかもしれないですけど、僕らが知らないところで起きている冤罪はやっぱり多いんじゃないのか。新聞記者なり、テレビ、ラジオの方もそうなんですけども、自分が、おかしいと思って取材していたなら、裁判所の判断が有罪であったとしても、こうこうこういう経緯を辿って、こういう不審な点があるが有罪になったくらいの記事は、思い切って書いてほしいなって思います。まあ、デスクが許さないらしいんですけど(笑)。マスコミにとって、裁判所批判はタブーなのでしょうか。検察は叩けても裁判所は叩けないみたいな現状があるようなので、ただ、客観的な事実として、裁判におかしなことがあれば、そういうこともやっぱり記事にしてほしいと思いますね。

山﨑　そろそろフロアのみなさんにも質問を投げかけたいところですが、もうひとつ流れの中で出てきた問題として、先ほど李丹さんから言及がありましたし、おそらく台湾グループからも言いたいことがあると思うので、メディアの問題についてうかがっておきたいと思います。まず台湾グループから。

黄崇銘　メディアについてですが、台湾では「ひまわり学生運動」(第2部の山﨑論文参照)以降、メディアの報道、あるいは大衆のメディア利用に大きな変化が生じています。台湾で大学生が主導する運動では、新たなメディアが積極的に利用されるという面があり、インターネットが活動のプラットフォームとして機能しています。ただ、さまざまなメディアがある中で、伝統的メディアに対する信頼が依然として強いのも事実です。新興メディアの出現は、現代社会を生きる一般市民にとって一つの

挑戦であり、仕事に対する大きなストレスを抱える中で、じっくりと物事を考える時間と気力を持つことができるかどうか。メディアがどのように報道しようと、事実は自分ではっきりさせるというのが理想ですが、事実は逆で、多くの人がメディアの報道を受動的に受け入れるのが習慣となっています。

　実際、台湾では、メディアの報道がある事件に対する社会的判断を形成するという現象が少なからず見られます。ただ、そうであっても、司法は、多くの事件で中立的な態度を貫きます。たとえば、子どもに対する性犯罪が報道されれば、社会は司法が厳しい判決を下すことを期待します。しかし、裁判官は、あくまで現在の台湾の法律制度に則って判断するので、その判決は社会が期待するような厳しいものにはならず、司法の公正性に対する社会的疑念が生じるのです。私たちは、批判すべきは裁判官なのか、それとも法律制度なのかをよく考えてみる必要があると思います。メディアは法律の専門知識を持たないため、大衆が望む角度から報道します。事件は拡大解釈され、法律的に考えることが困難になります。台湾では、人々の判断にメディアの影響が深刻です。

山﨑　一個人を批判するのは簡単でも、システム全体を構造的に批判するのは難しい、だから、メディアは個人叩きに向かいやすいということですね。李丹さん、メディアと司法の関係について、お考えを聞かせていただけますか。

李丹　中国には、メディアが判決に影響することを期待する一方で、それが不当な場所で起こることを懸念するというという奇妙な現象が存在します。先ほど、中国では、警察なり、より高次の政府機関がメディアの報道をコントロールし、容疑者は有罪であるとあらかじめ大衆に印象づけていると申し上げました。長い間DVに悩まされていた李彦という女性が夫を殺害し、バラバラにした後、警察に自首した事件が良い例です。女性の人権を扱う団体は、彼女が長期にわたりひどいDVを受けていたという事情を斟酌すべきだと考えたわけですが、裁判所はこれを考慮せず、

彼女に死刑の判決を言い渡しました。最高裁で差し戻され、後に再度死刑判決が出たのですが、この間女性の人権団体は絶えずメディアで世論を喚起し、人々に署名を求めるなどして、最終的には執行猶予付きの死刑判決となりました[2]。これは、社会の進歩を促し、裁判官の意識の古さと中国に反DV法がないという事実によって失われかけた命が救われたという良いケースですが、逆のケースもあります。たとえば、雲南省で起きた強姦殺人事件がそれで、裁判官は死刑廃止という先進的な理念に基づいて死刑判決を出さなかったにもかかわらず、この事件がネットメディアで報道されると、民衆がこれに憤怒し、世論が沸騰して最終的に死刑が言い渡される結果となりました。ここに中国の矛盾があり、法治が不健全であるために、党と政府の考えが多くの判決に作用してしまうことになります。中国は進歩することができると誰もが期待しているからこそ、私たちはメディアが市民社会と連携し、社会に進歩をもたらし、冤罪事件の判決が見直されて正義が勝ち取られもすると考えるわけですが、その中では避けがたく、ネガティブな事件が起こることもあるでしょう。

　痴漢事件はいったい誰の責任なのか。痴漢本人はなぜ多くの人がいる中でそんなことをしてしまうのか。社会と経済の発展に対してどのような考え方を持っているのか。あるいはなんとも言い難い事情があるのかもしれません。

裁くことのみで状況を改善しようとするから
冤罪が生まれるのではないか

山﨑　もう少し若者のみなさんと周防監督に語り合っていただきたかったのですが、司会の不手際で時間が押してきてしまいました。ここで、フロアからいくつかご質問をいただいて、周防監督と若者のみなさんにお答えいただきたいなと思います。ご質問の際は、可能な限りお名前と

2　中国の『刑法』が規定する死刑には、「直ちに執行する死刑」と「執行猶予を付けた死刑」とがある。執行猶予付きの死刑判決の場合、死刑の執行猶予期間中、２年間、故意犯罪がなければ、無期懲役に減刑される。

ご所属をお願いします。

質問者1　世田谷区からまいりました。先ほど監督は、日本の特殊な裁判のシステムがこの映画の主役だとおっしゃいましたが、痴漢という犯罪もまた日本的なものなのかなと。痴漢という犯罪は、やはり混み合った車内という状況があればこそで、こういう言い方が妥当かわかりませんが、いったい誰の責任を問うべきなのかという部分がなきにしもあらずだと思うんです。（中国の李丹さんの話にあったように）社会・経済の発展に関係するかはわかりませんが、お互いに自分を正当化できないという状況があるんじゃないかと。要領を得ない質問で、意味がおわかりになられたでしょうか。

周防　あの、意味がわかったかどうかわからないですけど、僕、学生さんの感想文読んでて、さっきも先生たちがおっしゃってたと思うんですけど、「自己責任」っていう考え方、そういう満員電車に乗るのが悪い、みたいな。間違えられるようなことをするのが悪い、っていう言い方があったんですけど、これ、僕、たとえばアメリカでね、こういう犯罪があって、自分がやっていないのに、痴漢に間違われてしまって、裁判で多大な被害を被ったなんて人がいたら、これ鉄道会社訴えるんじゃないかと思うんです。だってそういう状況を作ってるわけですよね、鉄道会社が。普通に自分はお金払って乗ってるだけなのに、犯罪者にされてしまうような状況で、電車を運行しているんだから、この状況を改善しろって鉄道会社を訴えるんじゃないかって思ったんですよ。実は、1990年代の半ばまで、痴漢って裁判になってないんです。これは、駅で、この人に痴漢されましたって言っても、いや証拠がないから裁判しても負けるよって言って、女性の声が無視されていたんです。1990年代半ばに、どういう経緯かわからないんですけど、痴漢を事件として扱うようになってきたんです。まあ多分、女性の権利を守ろうっていうのがあったんだと思いますけど。それで、起訴して、裁判した時に、証拠がないから無罪ですってやったら、またまた痴漢は検挙できなくなる。要するに前と

おんなじになる。だから、有罪にするって方向性は、そこで生まれたんだと思うんです。証拠がないのに有罪にする、それは、痴漢っていう事件が起きて、女性の権利が著しく侵害されているから、その状況を何とかしたいっていう思いで、痴漢を事件として取り扱うようになった。だから、せっかく摘発したものを無罪にするわけにはいかないっていうことですね。その裁判のおかげで、痴漢をしてない人も、痴漢の犯人にされるって現状が生まれてきてしまった。ここがやっぱり難しいところなんですけれども、でもそれは、裁くことによって痴漢を少なくしよう、っていう発想だからなんですよ。いまおっしゃった方のように、あの状況を改善することを考えれば、痴漢はほんとに減りますよ。実際の数として。その方がよっぽど僕は、合理的な、建設的な考えだと思うんですけれども、あの満員電車の状況を改善しようというやり方は、女性専用車両を作ったことと、監視カメラ、ですね。監視カメラって言い方をすると、嫌がって、防犯カメラって言い続ける人たちもいますが、まあ、あの監視カメラを車内につけるってことは、バスとかでも、埼京線とかでも、やられ始めていて、一応そうなっているんですけど、基本的には、これ、サラリーマンが捕まれば会社にとっての損失ですから、時差出勤して満員電車にしないような工夫をするとか、社会で改善しようとすれば、僕はいくらでも改善する方法があると思うのに、それをしない。ようするに状況が、犯罪を生んでるわけで、僕はこの映画で、痴漢そのものをテーマにはしてないんですけれども、痴漢そのものをテーマにするんだとすれば、僕は解決方法は、少なくとも痴漢がまったくなくなるとは思わないけど、今より圧倒的に、事件を起こさなくさせる方法は、考えられると思うので、何でそういう努力しないのかなと、ものすごく不思議に思います。

市民の司法参加について

質問者2　法律雑誌を作っている者です。司法制度への市民参加について学生のみなさんにお聞きしたいと思います。周防監督もおっしゃいましたが、日本の司法でさまざまな問題があると言った時、その一つの解

決策として考えられたのは、裁判員制度です。先ほど周防さんも指摘されたように、もともと刑事訴訟法というなかなかいい法律があるにもかかわらず、専門家がどんどんどんどん細かい解釈を重ねていって、法律から離れた実務がまかり通ってるんじゃないか。そこに素人が入ることによって、良い方向に持って行けるんじゃないか、というのが日本で裁判員裁判が始まった一つの理由なんです。みなさんの地域でそういう制度があるのかどうか。そういう形で自分が司法に加わる可能性について、どう思うかをお聞きしたいと思います。中国はむしろ逆の方向で、専門化の方向に進んでいるとも聞いているんですが、その辺のところもお話しいただきたいと思います。

山﨑 中国における司法参加について、張万洪先生から簡単にご説明いただけますか。

張万洪 中国にも人民陪審員という制度があり、共産党の司法民主化路線の体現とされています。建国後、人民陪審員制度は何度も変化があり、中国では３人の裁判官、２人の人民陪審員という構成になっています。もし人民陪審員がいれば、裁判官の左の方に座っている、普通の服を着た人たちです。最近では、2015年４月１日に人民陪審員制度改革の方針が出され、人民陪審員制度の強化が謳われました。たとえば、全国で10カ所の都市を選び、各都市で５つの裁判所を選んで人民陪審員を導入する。従来は単位からの推薦や自薦によって選ばれていた人民陪審員が、現在では居住地の区における納税者や選挙民の名簿から選出されるようになりました。人民陪審員の年齢や知識水準についても調整が行われました。特に、無期懲役になる可能性のある事件は基本的に人民陪審員の参加が可能で、また被告人が申し出た場合は人民陪審員の参加が必須になっています。

石塚 国民の司法参加についてどう思うか、という趣旨のご質問ですが、もう時間もあまり残されていないので、山梨大学でのことを若干紹介し

たいと思います。2014年度、授業で『それでもボクはやってない』を観せた後に、レポート課題で裁判員制度を問いました。「2004年に『裁判員の参加する刑事裁判に関する法律』（裁判員法）が成立した。一般市民が職業裁判官と一緒に刑事事件を審理し判決を下す（被告人が有罪かどうか、有罪の場合どのような刑にするかを決める）この裁判員制度の導入は、冤罪の防止に役立つと思うか？裁判員制度のメリット（長所）とデメリット（短所）をふまえつつ、あなたの考えを述べなさい」という内容の課題です。学生たちのレポートをみていますと、裁判員制度の導入自体については、かなりの割合で賛成意見が多いのですが、他方で、冤罪の防止に役立つかについては、肯定的意見と否定的意見が拮抗、あるいは否定的意見の方が多かったです。あくまでも参考です。

法曹一元を目指すべきではないのか

質問者3　群馬県からまいりました。最後に学生さんからメディアの話も出たところでテレビ取材のカメラがないのが残念です。映画の中では、裁判官と弁護士と検察官がシステムの中で、ある種なれ合うような関係性に陥っていることが描かれていますが、いまの日本では、司法・立法・行政の三権分立もまた、悪いシステムに向いつつあるのではないかと懸念しています。権力を持つ者の問題であるとも言えますが、検察が国民の期待に引っ張られ過ぎたりとか、国会議員の選び方とか、国民主権が生かされていなかったり、チェックが行き届かないところがあるんじゃないかと。民主主義が単純な多数決となって、少数の声が生かされていないのかなと思いますが、今回の映画で、それを改善に向かわせるというか、こういう状況の中で少数の声を生かす仕組みをどのように作っていけるのかというアイディアみたいなものがあればおもしろいなと思いました。話が飛躍していますけど。

周防　最後の質問は、すごいな（笑）。大きいですね。三権分立がうまくいってないんじゃないかっていうのは、多くの人が感じてることだと

思います。ただここでちょっと、せっかく僕の映画がとりあげられているので、司法について言いますけど、あの、司法の独立ってことを考えた時に、やっぱり今の、最高裁事務総局[3]のあり方っていうのが、まあ、ちょっと歪んでるっていうか、やっぱり官僚組織になっているってことは、否めなくて、あたかも警察や検察の不祥事が冤罪を引き起こしているかのような印象ですが、実は僕は、全ての根源は裁判所にあるって思っているんですね。よく、調書裁判って言われるんですけど、今までの日本の裁判っていうのは、調書に基づいて、判決が決まる、だから判決はほぼ起訴状通りだ、ってよく言われるんですけれども、つまり密室で作られた調書に、特に自白があれば最高ですけど、自白があれば、裁判所が有罪を書く、という積み重ねの中で、警察や検察は自白調書をいかに取るか、要するに、裁判で、立派な調書さえあれば、この人が犯人に間違いないって調書さえ取れれば、有罪になるって事案が積み重なって来て、知らぬ間に、立派な調書を作ることが自分たちの仕事になって、結果、調書裁判って言われる、今の状況が出来上がったわけですね。どこかで裁判所が、密室で取り調べられた調書に、任意性がない、信用性が認められない、という判断を重ねていれば、警察や検察は、犯罪の立証の方法を調書以外で考えなければいけなかったはずなんです。自白調書さえあれば有罪になる、ってなったから、自白調書作りに懸命になっているわけです。つまり、簡単に言うと、裁判所の判断っていうものが、ひどかったんだと。それが現状の調書裁判を作り上げてしまったんだと、僕は思っているんですね。

　じゃあどうするかっていうと、裁判官の作り方を変えればいいんですよ。法曹一元って言葉聞いたことがある方いらっしゃると思うんですけ

3　最高裁事務総局は、法律上は、最高裁判所の裁判官会議の議に基づいて行われる司法行政事務の庶務を掌らせるために、最高裁判所に置かれる機関と位置づけられているが（『裁判所法』）、実際には、裁判官会議は形骸化しており、最高裁判所事務総局が司法行政権を一手に掌握している。『大日本帝国憲法』の下で司法省が有していた司法行政権を、戦後、最高裁判所が継承したことは、国会や内閣からの干渉を排除し裁判所の独立を確保するという点では重要な意義をもったが、他方で、裁判所システム内部での官僚主義的傾向をもたらした。とりわけ、最高裁判所事務総局による人事と予算の掌握は、個々の裁判官の裁判の独立にとって、少なからず脅威となっている。

ど、要するに裁かれる側に立ったことがある人が裁判官になる、裁く側に立つ。つまり、法曹一元っていうのは、弁護士経験者の中から裁判官を選ぶ。これは、欧米でも行われていることで、日本のように、司法試験で優秀な人が、司法研修所でも、特段目立ったことはせず、リーダーシップも発揮せず、自分の意見を主張することもなく、ただ真面目にきちんと色んなことを覚えられる人を選ぶという、そういう方向の裁判官作りではなくて、弁護士経験の中で、裁かれる側に立ったことのある人、その中できちんとした仕事をしてきた人が、裁判官になっていけば、さっき、どっかのグループが言っていたように、自分が裁いてほしいように裁く、っていう第一段階を、そういう人たちだったら、クリアできるんじゃないだろうか。そういう意味では基本的に、法曹一元という、裁判官の作り方を根底から変える、そういうやり方をしてもいいんじゃないか。その一歩目として、そういうやり方があるってことを多くの人に知ってほしい。で、法曹一元がいいと声を上げてほしい、そういう風に思ってます。そういうことでも、今の司法は変わるんじゃないかなと思います。

山﨑　ありがとうございます。司法をいかにうまく生かすかという点について示唆に富むお話をありがとうございました。司会の不手際で時間をだいぶ超過して、議論しつくせない問題が多く出てしまったんですが、第3セッションはここまでにしたいと思います。ご登壇いただいた周防監督、各地域からお越しいただいた若者のみなさんに再度拍手をお願いします。

シンポジウムの舞台裏③

　今回のシンポジウムのひとつの目玉は、中国・台湾・香港・日本の若者が一堂に会し、映画『それでもボクはやってない』の周防正行監督を交えて、法意識について自由に語り合う座談会で、全プログラム中で最も長い１時間40分の時間が割り当てられました。

　中国からは現地の各大学で映画ワークショップ開催にご尽力いただいたNGO主宰者の李丹さん、台湾からはワークショップを開催した台北教育大学の大学院生の黄崇銘さんと学部生２名（沙佩琪さんと張庭瑋さん）、香港からは香港大学大学院の蒋蕾さんが集まってくれました。日本からは山梨大学の２名の学部生が登壇を予定していましたが、西山咲紀さんがインフルエンザで当日参加できず、齋藤麻穂さんのみの登壇となりました。西山さんも、事前の準備にご協力をいただきました。この６名で周防監督を囲み、私が司会を務めさせていただきました。

　４つの地域から集った参加者は、シンポジウム当日が初めての顔合わせ、言語の問題があることも考慮して、(1)映画を見て司法に対する考えにどのような変化があったか、(2)映画を見て日本に対する考えにどのような変化があったか、(3)印象に残ったシーン、(4)周防監督に直接きいてみたいことの４点について、事前にメールで回答してもらいました。決め事がなさすぎると、議論が無軌道に転がって収集がつかなくなるリスクがあり、逆に決め事が多すぎると、予定調和に終始して生の議論の臨場感がそがれる懸念があったため、「暗黙の了解」と「即興」を織り交ぜ、100分１本勝負を戦ってもらいました。果たして名勝負となったか否か、シンポジウムの記録をお読みいただいた読者のみなさんのご判断に委ねたいと思います。

　司会者＝レフェリーとして100分の長丁場を回し、終わった瞬間は充足感に満たされましたが、今回シンポジウムの記録を文章にまとめるため、同録を聴きながら現場を振り返ると、至らなかった点があれこれ見えてきます。何より気になったのは、本来舞台上の裏方であるべき司会者が

明らかにしゃべりすぎていること。これは、上述の(4)の部分を本人の口から語ってもらうのではなく、司会者が代弁してしまったためで、どのグループから出た質問かを明らかにしてはいるものの、聴衆のみなさんには、司会者がしゃべってばかりで、肝心の若者が語っていないという印象をあたえてしまったかもしれません（本書所収の記録では、司会者の発言をこれでもかなり削っています）。

　もう一つは、質疑応答の部分で、各地域における市民の司法参加の発展に関する質問が出たのですが、この重要な議題の投げかけをうまく処理することができず、各地域の登壇者から若者目線の率直な意見を引き出すことができませんでした。これまた、覆水盆に返らずで、悔やまれる部分です。

　また、これはシンポジウム全体に通じて言えることですが、各地域の若者の法意識（の一端）の確認にとどまり、ナショナリズム／アイデンティティの問題、東アジア公共圏の問題にまで議論が深まらなかったことも残念です。中国からの登壇者である李丹さんは、シンポジウムを主催した研究プロジェクトの名称が「『中国』をめぐるアイデンティティとナショナリズム」ということを受けて、ご自身のアイデンティティを示すように満州族の伝統衣装でご登壇いただいたのですが、それが生きる展開に話を持っていくことができませんでした。

　こうして思い返すと反省点が見えてきますが、その多くは司会者である私の経験不足によるものです。登壇した若者のみなさんは、本当によく準備されていましたし、相対する周防監督も、数々の質問に一切はぐらかすことをせず、正面からがっちり受け止めて真摯に回答されておられました。本座談会が実りあるものであったとすれば、それはひとえに登壇者とフロアから質問を寄せていただいたみなさんのおかげです。

（山﨑直也）

エピローグ

市民へ

石塚迅
山﨑直也

　立ち読みの方を含め、本書を手にとって下さったあなたはどんな人でしょうか。

　台頭著しく時に脅威論の的となる中国、「ひまわり学生運動」や「雨傘運動」といった市民運動が盛り上がる台湾・香港、それらの地域の時事問題に興味をもち、いろいろなことを知りたいと思っている人でしょうか。「足利事件」や「村木事件」等、度重なる冤罪に心を痛め、現在の刑事司法制度が抱える問題を深く考えたいと思っている人でしょうか。教育問題、とりわけ昨今様々な場で強調される法教育の問題に関心をもち、教育実践のヒントを得たいと思っている人でしょうか。あるいは、映画『それでもボクはやってない』に魅了された人、そして、それを撮影した周防正行監督のファンの人でしょうか。

　職業は何でしょうか。大学等の研究機関の研究者（中国・東アジア地域研究者、法学者、教育学者）でしょうか。法曹関係者や現職の教員でしょうか。学生でしょうか。メディア・映画関係で働いている人でしょうか。

　私たちは、それらすべての人に向けて、市民公開・国際シンポジウム「映画『それでもボクはやってない』海を渡る―東アジアの法教育と大学生の法意識―」を開催し、本書『東アジアの刑事司法、法教育、法意識―映画『それでもボクはやってない』海を渡る―』をまとめました。そのことがよくばりであること、つまり、対象が広ければ広いほど、コンセプトがぼやけてしまうおそれがあることは百も承知です。もちろん、これについては、シンポジウム・本書の企画の段階でいろいろと議論はしました。

　阿古智子さんが本書のプロローグで経緯を紹介されているように、本

書およびそのもとになっているシンポジウムは、その源流をたどれば、阿古さんを研究代表者とする共同研究「『中国』をめぐるアイデンティティとナショナリズム」に行き着きます(中国がカギ括弧でくくられているのは、単に中華人民共和国にとどまらず、台湾や香港、さらにはその他の国・地域における中華系の人々も広く研究の対象に含むという趣旨からです)。この共同研究は、教育学、社会学、歴史学、法学、政治学等、さまざまな分野の研究者がつどい、知的対話を展開する学際的な (小さな) 公共空間となりました。この共同研究がなされたおかげで、中国の憲法・人権問題を研究する石塚も、戦後台湾の学校教育を研究する山﨑も、それぞれがこれまであまり接点がなかった他の分野の研究に触れることができました。想定する読者層を絞りきれていないことは本書の弱みではなく、専門分野を超えた対話を促すという点でむしろ積極的な意味を持つにちがいないと私たちは期待しています。

　もう一つ強調したいのは、本書が様々な分野の専門家と市民の双方に向けたものであることです。この共同研究で、私たちは、それぞれが自らの方法論を用いて、東アジアのアイデンティティとナショナリズムの解明に取り組みました。キーワードも、市民社会、愛国教育、刑事司法、立憲主義等々、実に多種多様です。この研究成果を研究者の間で専有するのではなく広く市民の間で共有する、というのは、阿古さんをはじめ私たちが当初から希望していたことです。「市民公開・国際シンポジウム」とあえて銘打ったのも、そうした「希望」に基づいています。私たちは、映画ワークショップとシンポジウムを通じて、様々な人たちとともに思考し対話し交流することを目指しました。私たちもまた東アジアに生きる一市民なのです。

　グローバル化は、ひと・もの・かねの国境を越える自由な移動を可能にしました。インターネットの発展がそれに拍車をかけました。このグローバル化の進展に対しては、その功罪が様々に指摘されるところです。

グローバル化の反作用としてしばしば挙げられるのが、ナショナリズムの（再）強化です。国と国との境界が溶解・流動化する中で、国家とは何か、国民・民族とは何か、が問われ、人々は、私は誰なのか、を自問しています。個人が国家という枠組みから自由になる一方で、グローバル化の恩恵にあずかれない大衆は、様々な不安に戸惑い、国家や集団への帰属意識を強めています。グローバル化への反発、国家や民族への強い帰属意識は、ヘイトスピーチに象徴される排外主義と結びつくこともしばしばです。

　政府指導者たちは、そうした大衆の心理を巧みに利用して、ポピュリズム的な政策・政治手法をもって、自らへの支持を調達し政権基盤を維持・強化しようと試みます。権威主義的な政府指導者の思惑と大衆の情緒的な心理が渾然一体となる中で、人権や手続的正義（無罪推定の原則、罪刑法定主義、黙秘権等）といった価値は、「国家の安全」という大義名分の前に埋没しがちです。

　私たちの共同研究は、当初、「中国」を中心に、今述べたようなナショナリズムとアイデンティティの問題を考えたいと思っていました。ところが、グローバル化の影の部分やナショナリズムのゆがみ―排外主義の勃興、立憲主義の軽視―は、今や全世界的な課題となってきました。そうした課題にどう対応していくか。阿古さんは、近年、繰り返し「公共圏／市民社会を越境させる」ということを訴えています。個人が自律（自立）した「市民」となり深く思考する、そして、自ら思考する個人（市民）が集まって「公共」が生まれる。私たちは、そのことが、排外主義やポピュリズムの抑止にもつながるのではないか、と考えます。

　私たちの力不足もあって、残念ながら、シンポジウムではナショナリズムやアイデンティティそのものの考察にまで踏み込むことはできませんでしたが、本書では、もう少しそうした問題にも目を向けたつもりです。「中国」（中華圏）のナショナリズムとアイデンティティについて、より専門的な知見を得たいという方には、本書の姉妹本として、阿古智子・大澤肇・王雪萍編『変容する中華世界の教育とアイデンティティ』（国際書院、2017年）を勧めます。同書も、私たちの共同研究の成果の一つで、本

書より一足先に刊行されました。教育制度、教育政策、教科書、カリキュラムといった観点からの教育 (史) 学の研究論文が多く収録されているのが特色です。ぜひ、お手にとっていただければと思います。

　諸般の事情で、本書の刊行は当初の予定よりも大幅に遅れてしまいました。各方面にご心配をおかけしたことをおわびします。それでも、改正組織犯罪処罰法 (いわゆる「共謀罪」) が成立し、今後いっそう刑事司法の慎重な運用が望まれる日本、弁護士や市民社会に対する苛烈な弾圧が続く中国、中国中央政府 (北京) が司法への有形無形の圧力を強め、「一国二制度」存続の危機に直面する香港……これらの現状に鑑みた時、本書の刊行はなおその意義を失っていないと考えています。

　本書を編集・刊行するにあたって、そして、本書のもとになったシンポジウムを開催するにあたって、さらには、シンポジウムのもとになる映画ワークショップの実施にあたって、本当に多くの人にお世話になりました。

　映画ワークショップは、中山大学、武漢大学、中国メディア大学、中華女子学院 (以上、中国)、台北教育大学、輔仁大学 (以上、台湾)、香港理工大学、香港バプティスト大学、香港大学 (以上、香港)、および日本の山梨大学でそれぞれ実施しました (シンポジウム終了後に、蘇州大学〔中国〕でも実施)。阿古さんの整理 (第3部) を参考にすれば、参加してくれた学生の総数は250人を超えます。映画ワークショップの実施に関わって下さったすべての教職員・学生の皆さんに感謝申し上げます。李丹さん (第3部参照) は、中国や香港のいくつかの大学での実施をオーガナイズして下さいましたし、エドワーズ・ヴィッカーズさん (九州大学教員、専門は比較教育学、共同研究メンバー) からは、香港での実施にあたり貴重なアドバイスをいただきました。

　シンポジウムは、王雪萍さん (東洋大学教員、専門は日中関係史、共同研究メンバー)、大澤肇さん (中部大学教員、専門は近現代中国教育史、共同研

究メンバー）、于小薇さん（中部大学教員、専門は日中教育比較、共同研究メンバー）、澤田郁子さん（会社員、共同研究協力者）の支えなしに成功はありえませんでした澤田さんは、持ち前のデザインセンスで、シンポジウムのために素敵なチラシ（巻末資料4）を作成してくださいました。映画や演劇でいえば、音響、音声、字幕、大道具、美術、照明、宣伝（プロモーション）等のすべてを彼（女）らが担って下さったおかげで、阿古さん、石塚、山﨑の三人は舞台に立つことができたのです。

　シンポジウム終了後の懇親会の席上、周防監督から「映画のもつ力がどれほどのものか、つまり映画『それでもボクはやってない』がどれほどの影響力をもっていたのか、についてはよくわかりません。でも、この映画を撮ってよかったな、と思えるのは、この映画がこれほど多くの東アジアの大学生に観てもらえたということです」ととてもうれしい言葉をちょうだいしました。あらためて、シンポジウムへの登壇、および本書の監修を快諾して下さった周防監督に感謝いたします。映画『それでもボクはやってない』には遠く及ばないとしても、本書が多くの人に手にとってもらえることを心から願っています。

2019年3月

【巻末資料1　アンケート日本語版】

映画「それでもボクはやってない」アンケート

以下の設問に回答して下さい。アンケートの結果については、厳格に管理し、学術的研究にのみ使用します。

> **回答方法**
> 以下で示す選択肢について、
> あなたの考えに適合するもの
> に○をつけて下さい。
> 例：（　　　　）知っている　（　○　）知らない

1. 生年（　　　　　　年）
2. 性別（男・女）
3. 本籍地（都道府県）（　　　　　　）
4. 住民票（都道府県）（　　　　　　）
5. 国籍（　　　　　　）

6. あなたが卒業した高校は、
（　　　）本籍地所在の公立高校　（　　　）本籍地所在の私立高校
（　　　）本籍地以外の公立高校　（　　　）本籍地以外の私立高校
（　　　）外国の高校

7. あなたは大学に進学する前、両親と同居していましたか？
（　　　）両親と同居
（　　　）一人暮らし
（　　　）親戚と同居
（　　　）その他

8. あなたの両親の職業は、

父；

(　　　)公務員　(　　　)民間企業経営者　(　　　)　専門技術職員

(　　　)団体職員　(　　　)自営業者　(　　　)サービス業者

(　　　)企業労働者　(　　　)農林漁業者　(　　　)失業・無職

母；

(　　　)公務員　(　　　)民間企業経営者　(　　　)専門技術職員

(　　　)団体職員　(　　　)自営業者　(　　　)サービス業者

(　　　)企業労働者　(　　　)農林漁業者　(　　　)失業・無職

9. あなたは『日本国憲法』を知っていますか？

(　　　)知っている　(　　　)知らない

10. もし、あなたが『日本国憲法』を知っているのであれば、『日本国憲法』がいつ制定されたか知っていますか？

(　　　)1868年　(　　　)1889年　(　　　)1945年

(　　　)1946年　(　　　)知らない

11. もし、あなたが『日本国憲法』を知っているのであれば、『日本国憲法』が現在まで何回改正されたか知っていますか？

(　　　)改正されたことはない　(　　　)1回　(　　　)2回

(　　　)3回　(　　　)知らない

12. あなたは、憲法は何のために存在すると思いますか？

(　　　)国家の最も基本的構成単位たる国民（市民）の義務を規定するためのもの

(　　　)政権与党の方針や政策を実現するためのもの

(　　　)国民（市民）の行動規範を規定するためのもの

(　　　)国家権力を制限し国民（市民）の権利を保護するためのもの

（　　　）わからない

（　　　）その他

13. あなたは『世界人権宣言』を知っていますか？

（　　　）知っている　　（　　　）知らない

14. あなたが思う「人権」とは、

（　　　）西欧の価値　　（　　　）普遍的理念　　（　　　）日本の伝統

（　　　）日本にはなじまない

15. もしあなたが『日本国憲法』を知っているのであれば、『日本国憲法』が規定する基本的人権は、現在の日本において十分に保護されていると思いますか？

（　　　）十分に保護されている

（　　　）一部については保護されていない

（　　　）まったく保護されていない

（　　　）わからない

16.「一部については保護されていない」、「まったく保護されていない」と回答した人にお尋ねします。あなたは、どこにおいてそのように感じますか？（複数回答可）

（　　　）学校

（　　　）職場

（　　　）生活環境（家庭、地域等）

（　　　）外国人に対する政策

（　　　）労働者に対する政策

（　　　）女性・子どもに対する政策

（　　　）障がい者に対する政策

（　　　）その他

（　　　）わからない

17. あなたは、現在の日本において差別があると思いますか？
（　　　　）深刻・重大な差別がある
（　　　　）多少の差別がある
（　　　　）差別は非常に少ない
（　　　　）差別はない
（　　　　）わからない

18.「深刻・重大な差別がある」、「多少の差別がある」と回答した人にお
たずねします。あなたは、どういった問題において差別があると思いま
すか？（複数回答可）
（　　　　）国籍・人種
（　　　　）思想・信仰
（　　　　）性別
（　　　　）社会的地位
（　　　　）門地（出生地、居住地）
（　　　　）身体　外見
（　　　　）学歴
（　　　　）収入
（　　　　）その他
（　　　　）わからない

19. あなたは、普段、国内外のニュースを読む時、どのようなメディア
を利用しますか？　具体名を3つ挙げて下さい。（例：●●新聞、●●ネッ
トニュース）
（　　　　　　　　　　　　）
（　　　　　　　　　　　　）
（　　　　　　　　　　　　）

20. 一般庶民もメディアを通じて自らの声を発するべきだという意見が

あります。あなたはどのように考えますか？

（　　　　）大いに賛成　（　　　　）賛成

（　　　　）あまり賛成できない　（　　　　）賛成できない

21. あなたは、学校、教育、社会、国、国際問題等に対して声をあげたいという意欲・願望がありますか？

（　　　　）ある　（　　　　）ない

22.「ある」と回答した人へ

あなたは、どのようなメディアを通じてどのような問題に対して声をあげたいと思いますか？　具体的な内容を記述して下さい。

【どのようなメディアを通じて】

【どのような問題に対して】

23. あなたは、自らの発言が社会を変えるかもしれないと思いますか？

（　　　　）強く思う　（　　　　）変えるかもしれない

（　　　　）可能性は低い　（　　　　）まったく思わない

24. あなたは、中国（台湾・香港を含む）に行ったことがありますか？

（　　　　）何度も行ったことがある

（　　　　）行ったことがある

（　　　　）行ったことはない

25.　あなたには、中国（台湾・香港を含む）の友人がいますか？

（　　　　）たくさんいる

（　　　）何人かいる
（　　　）いない

26.

27.

28.

29. 映画の中で、弁護士が「私たちは国家を相手に闘ってるんですよ」と発言します。この発言に対するあなたの見方を教えて下さい。
（　　　）国家も過ちを犯す。弁護士は、被疑者・被告人の権利が国家による侵害を受けないよう、国家と闘わなければならない。
（　　　）国家も過ちを犯す。しかし、弁護士は国家と闘ってはならない。
（　　　）国家は過ちを犯さない。これは一部の役人の個別的な問題である。

30.

ご協力ありがとうございました。

法律电影项目问卷

请你回答下面的问题。我们会将问卷的结果严密管理，只用于学术研究。非
常感谢您的合作！

> 回答方法
> 请从下面选择一个符合你观点的划○
> 例：（　　　　）知道　（　○　）不知道

本调查的主办单位：●●●●

1. 出生年（　　　　　　　年）
2. 性别（男・女）
3. 户口所在地（　　　　　　　）
4. 民族（　　　　　）
5. 国籍（　　　　　）

6. 你毕业的高中是：
（　　　）户口所在地公办学校　（　　　）户口所在地民办学校
（　　　）外地公办学校　（　　　）外地民办学校　（　　　）国外的学校

7. 你进大学之前，除了在学校／宿舍等地方的时间之外，是否与父母同住？
（　　　）与父母同住
（　　　）自己住
（　　　）与亲戚住
（　　　）其他

8. 你父母的主要职业

父亲：

（　　　）党·政府官员　（　　　）国有企业管理层　（　　　）私营企业主

（　　　）专业技术人员　（　　　）办公室人员　（　　　）个体工商户

（　　　）商业服务业员工　（　　　）工人　（　　　）农业劳动者

（　　　）失业／下岗／无业

母亲：

（　　　）党·政府官员　（　　　）国有企业管理层　（　　　）私营企业主

（　　　）专业技术人员　（　　　）办公室人员　（　　　）个体工商户

（　　　）商业服务业员工　（　　　）工人　（　　　）农业劳动者

（　　　）失业／下岗／无业

9. 你知道《中国人民共和国宪法》吗？

（　　　）知道　（　　　）不知道

10. 如果你知道《中国人民共和国宪法》，知道第一部宪法在哪一年制定吗？

（　　　）1949年　（　　　）1954年　（　　　）1982年　（　　　）1993年

（　　　）不知道

11. 如果你知道《中国人民共和国宪法》，你知道中国的宪法到目前为止修订了几次吗？

（　　　）没有修订　（　　　）一次　（　　　）两次　（　　　）三次　（　　　）四次

（　　　）不知道

12. 你认为宪法是以什么目的存在？

（　　　）规定作为国家最基本组成单元的国民（公民）的义务

（　　　）实现执政党的策略与政策

（　　　）规定国民（公民）的行动规范

（　　　）限制国家权利而保护国民（公民）权利

（　　　　）不知道

（　　　　）其他

13.　你知道《世界人权宣言》吗？

（　　　　）知道　（　　　　）不知道

14.　你觉得《人权》是

（　　　　）西方的价值　（　　　　）适合中国　（　　　　）需要本土化

（　　　　）不适合中国

15.　如果你知道《世界人权宣言》，你认为现在在中国，《世界人权宣言》所
列举的各项人权都被保护吗？

（　　　　）被保护

（　　　　）一部分没有被保护

（　　　　）完全没有被保护

（　　　　）不知道

16.　问回答"一部分没有被保护"与"完全没有被保护"的人
你在哪里感觉到这样？（可以多选）

（　　　　）学校

（　　　　）工作单位

（　　　　）生活环境（家庭、社区等）

（　　　　）针对外国人的政策

（　　　　）针对少数民族的政策

（　　　　）针对农民工的政策

（　　　　）针对残疾人的政策

（　　　　）其他

（　　　　）不知道

17.　你认为现在在中国有歧视现象吗？

（　　　）有严重的歧视现象

（　　　）有一些歧视现象

（　　　）很少有歧视现象

（　　　）没有

（　　　）不知道

18.　问回答"有严重的歧视现象"、"有一些歧视现象"与"很少有歧视现象"的人

你认为在哪个问题上有歧视现象（可以多选）

（　　　）国籍　人种

（　　　）思想　信仰

（　　　）性别

（　　　）社会地位

（　　　）出生地区

（　　　）身体　外貌

（　　　）学历

（　　　）收入

（　　　）其他

（　　　）不知道

19.　请你写平时浏览国内外新闻时最经常看的三个媒体。（例：●●报、●●网）

（　　　　　　　　　　　　　　　）

（　　　　　　　　　　　　　　　）

（　　　　　　　　　　　　　　　）

20.　有些人说一般的老百姓应该通过媒体发出自己的声音。你如何看这些观点？

（　　　）非常赞同　（　　　）赞同　（　　　）不太赞同　（　　　）不赞同

21. 你对于学校、教育、社会、国家、国际问题等有发声的意愿吗？
（　　　）有　（　　　　）没有

22. 回答「有」的人
你想通过什么媒体对哪些问题发言？请写具体的内容。
【通过什么媒体】

【对哪些问题】

23. 你认为你自己发言会改变社会吗？
（　　　）非常有信心　（　　　）有可能　（　　　）不太可能
（　　　）完全没有信心

24. 你去过日本吗？
（　　　）经常去
（　　　）去过
（　　　）没去过

25. 你有日本朋友吗？
（　　　）有很多

（　　　　　）有几个

（　　　　　）没有

26.　一提日本你想到的是什么？（只选一个）

（　　　　　）钓鱼岛

（　　　　　）抗日战争

（　　　　　）靖国神社

（　　　　　）动漫

（　　　　　）日剧

（　　　　　）日本料理

（　　　　　）樱花

（　　　　　）汽车

（　　　　　）环保

（　　　　　）和平

其他（　　　　　　　　　　　　）

27.　电影主人公是因为涉嫌在地铁中性骚扰女性而被捕，你觉得中国是否有
同类违法行为

（　　　　　）没有

（　　　　　）有，但数量比日本少

（　　　　　）有，数量和日本差不多

（　　　　　）有，数量比日本多

28.　此类冤案是否可能出现在中国

（　　　　　）会　（　　　　　）不会

为什么？

29.　电影中，律师说他们是在"对抗国家"，你对这句话的看法是什么

（　　　　　）国家可能犯错，需要律师对抗国家机器，保护个人权利不受国家

侵害

(　　　　)国家可能犯错，但律师不应该认为自己在对抗国家

(　　　　)国家不可能犯错，是某些个别官员的问题

30. 你对电影里讲的冤案有什么看法？　有没有不敢相信的，惊讶的地方？如果有，是哪些部分？你看了电影之后你对日本社会的印象有没有改变？如果你做为电影导演在中国大陆拍类似电影的话，你想采用什么问题？为什么？

法律電影項目問卷

請您回答下面的問題。我們會將問卷的結果嚴密管理，只用於學術研究。非常感謝您的合作！

```
┌─────────────────────────────────────────────┐
│                 回答方法                      │
│    請從下面選擇一個符合您觀點的答案，並畫○     │
│       例：（      ）知道　（　○　）不知道       │
└─────────────────────────────────────────────┘
```

1. 出生年（　　　　　　　年）
2. 性別（男・女）
3. 長期居住地（　　　　　　　）
4. 就讀科系（　　　　　　　　）
5. 父母是否（曾）為外國籍（否・是：　　　　　　　國）

6. 您畢業的高中是：
（　　）長期居住地的公立學校　（　　）長期居住地的私立學校
（　　）外地公立學校　（　　）外地私立學校　（　　）國外的學校

7. 您進大學之前，除了在學校／宿舍等地方的時間之外，是否與父母同住？
（　　）與父母同住
（　　）自己住
（　　）與親戚住
（　　）其他

8. 您父母的主要職業

父親：

(　　　)公務員　(　　　)公營事業管理層　(　　　)私營企業主

(　　　)專業技術人員　(　　　)辦公室人員　(　　　)自營事業

(　　　)商業服務業員工　(　　　)勞工　(　　　)農業勞動者　(　　　)待業

母親：

(　　　)公務員　(　　　)公營事業管理層　(　　　)私營企業主

(　　　)專業技術人員　(　　　)辦公室人員　(　　　)自營事業

(　　　)商業服務業員工　(　　　)勞工　(　　　)農業勞動者　(　　　)待業

9.　您知道《中華民國憲法》嗎？

(　　　)知道　(　　　)不知道

10.　如果您知道《中華民國憲法》，知道憲法在哪一年制定嗎？

(　　　)1949年　(　　　)1936年　(　　　)1982年　(　　　)1993年

(　　　)不知道

※　編者注：『中華民国憲法』の制定は1946年であり、ここでは正答となる選択肢が含まれていない。

11.　如果您知道《中華民國憲法》，您知道台灣的憲法到目前為止增修了幾次嗎？

(　　　)沒有修訂　(　　　)一次　(　　　)兩次　(　　　)五次　(　　　)七次

(　　　)不知道

12.　您認為憲法存在的目的是什麼？

(　　　)規定作為國家最基本組成單元的國民（公民）的義務

(　　　)實現執政黨的策略與政策

(　　　)規定國民（公民）的行動規範

(　　　)限制國家權利而保護國民（公民）權利

(　　　)不知道

（　　　）其他

13.　您知道《世界人權宣言》嗎？
（　　　）知道　（　　　　）不知道

14.　您覺得《人權》是
（　　　）西方的價值　（　　　）適合台灣　（　　　）需要本土化
（　　　）不適合台灣

15.　如果您知道《世界人權宣言》，您認為現在在台灣，《世界人權宣言》所
列舉的各項人權都被保護嗎？
（　　　）完全被保護
（　　　）一部分沒有被保護
（　　　）完全沒有被保護
（　　　）不知道

16.　問回答"一部分沒有被保護"與"完全沒有被保護"的人
您在哪裡感覺到這樣？（可以多選）
（　　　）學校
（　　　）工作單位
（　　　）生活環境（家庭、社區等）
（　　　）針對外國人的政策
（　　　）針對少數族群的政策
（　　　）針對勞工或農民的政策
（　　　）針對殘障者的政策
（　　　）其他
（　　　）不知道

17.　您認為現在在台灣有歧視現象嗎？
（　　　）有嚴重的歧視現象

（　　　）有一些歧視現象
（　　　）很少有歧視現象
（　　　）沒有
（　　　）不知道

18.　問回答“有嚴重的歧視現象”、“有一些歧視現象”與“很少有歧視現象”的人
您認為在哪個問題上有歧視現象（可以多選）
（　　　）國籍　人種
（　　　）思想　信仰
（　　　）性別
（　　　）社會地位
（　　　）出生地區
（　　　）身體　外貌
（　　　）學歷
（　　　）收入
（　　　）其他
（　　　）不知道

19.　請您寫平時流覽國內外新聞時最經常看的三個媒體。（例：●●報、●●網）
（　　　　　　　　　　　　　　　　　　　　）
（　　　　　　　　　　　　　　　　　　　　）
（　　　　　　　　　　　　　　　　　　　　）

20.　有些人說一般的老百姓應該通過媒體發出自己的聲音。您如何看這些觀點？
（　　　）非常贊同　（　　　）贊同　（　　　）不太贊同　（　　　）不贊同

21.　您對於學校、教育、社會、國家、國際問題等有發聲的意願嗎？

（　　　）有　（　　　）沒有

22. 回答「有」的人
您想通過什麼媒體對哪些問題發言？請寫具體的內容。
【通過什麼媒體】

【對哪些問題】

23. 您認為您自己發言會改變社會嗎？
（　　　）非常有信心　（　　　）有可能　（　　　）不太可能
（　　　）完全沒有信心

24. 您去過日本嗎？
（　　　）經常去
（　　　）去過
（　　　）沒去過

25. 您有日本朋友嗎？
（　　　）有很多
（　　　）有幾個
（　　　）沒有

26. 一提到日本您想到的是什麼？（只選一個）
（　　　）釣魚台

（　　　　）抗日戰爭

（　　　　）靖國神社

（　　　　）動漫

（　　　　）日劇

（　　　　）日本料理

（　　　　）櫻花

（　　　　）汽車

（　　　　）環保

（　　　　）和平

其他（　　　　　　　　　　　　　　　　）

27.　電影男主角是因為涉嫌在捷運中性騷擾女性而被捕，您覺得台灣是否有同類違法行為

（　　　　）沒有

（　　　　）有，但數量比日本少

（　　　　）有，數量和日本差不多

（　　　　）有，數量比日本多

28.　如果你是電影中被騷擾的女學生，你會不會跟電影中的女學生一樣，抓出色狼？

（　　　　）會　（　　　　）不會

為什麼？

29.　如果你是電影中的男主角，你會不會跟男主角一樣，不認罪並採取司法訴訟捍衛自己的清白？

（　　　　）會　（　　　　）不會

為什麼？

30.　此類冤案是否可能出現在台灣

(　　　)會　(　　　)不會

　為什麼？

31.　電影中，律師說他們是在"對抗國家"，您對這句話的看法是什麼

(　　　　)國家可能犯錯，需要律師對抗國家機器，保護個人權利不受國家侵害

(　　　　)國家可能犯錯，但律師不應該認為自己在對抗國家

(　　　　)國家不可能犯錯，是某些個別官員的問題

32.　您對電影裡講的冤案有什麼看法：(1)　有沒有不敢相信、驚訝的地方？如果有，是哪些部分？(2)您看了電影之後您對日本社會的印象有沒有改變？(3)如果您做為電影導演在台灣拍類似電影的話，您想採用什麼問題？為什麼？(4)還有其他想法，也可以寫下來。

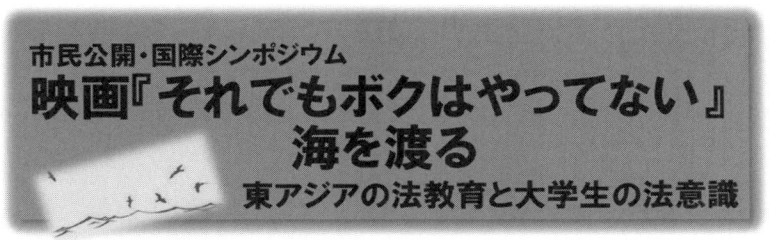

市民公開・国際シンポジウム
映画『それでもボクはやってない』海を渡る
東アジアの法教育と大学生の法意識

2016 年 1 月 10 日（日）
於　東京大学駒場キャンパス 18 号館ホール
入場無料

周防正行監督
来る！！！

あたりまえの日常がある日突然奪われたら・・・
映画『それでもボクはやってない』公開から 9 年。
痴漢冤罪事件を題材に、刑事司法のあり方に
疑問を投げかけた周防正行監督の作品を、中国、
台湾、香港、日本の若い世代はどう観たのでしょうか。
　日本では 2009 年から裁判員制度が始まり、2016 年
より選挙権年齢が 18 歳に引き下げられます。
若者の法意識を育てる法教育とは？東アジアの今を
市民のみなさんとともに考えます。

12:30	開場
13:00〜13:10	開会のあいさつ・趣旨説明
	映画『それでもボクはやってない』予告編上映
13:10〜13:55	対談「日本の刑事司法、中国の刑事司法」
14:00〜15:15	報告「東アジアの大学教員は『それでもボクはやってない』をどう観せたか？」
15:15〜15:30	休憩
15:30〜15:50	アンケート分析「東アジア大学生の法意識を探る」
15:55〜17:35	座談会「東アジアの大学生は『それでもボクやってない』をどう観たか？」
17:35〜17:45	閉会のあいさつ
18:00〜20:00	懇親会（希望者）　一般 4,000 円　学生 2,000 円

当日受付もいたしますが、会場の都合でできるだけ事前のお申し込みをお願いいたします。
次のアドレスに①〜④をお送りください。
soredemo160110@gmail.com
①氏名（フリガナ）②ご所属　③メールアドレス、電話番号　④懇親会の参加・不参加

対談 「日本の刑事司法、中国の刑事司法」
- 周防 正行 (SUO Masayuki)

  映画監督。代表作品に『Shall we ダンス？』(1996年)、『終の信託』
  (2012年)、『舞妓はレディ』(2014年) など。2011年6月から約3年
  にわたり、法制審議会「新時代の刑事司法制度」特別部会の委員を務めた。
- 胡 貴雲 (HU Guiyun)

  中国・弁護士 (北京潤辰律師事務所所属)。刑事訴訟、行政訴訟を数多く
  手がけ、刑事被告人の人権保障や市民の権利擁護に強い関心をもつ。

報告 「東アジアの大学教員は『それでもボクはやってない』をどう観せたか？」
- 徐 筱菁 (HSU Chiao-ching)

  台湾・台北教育大学文教法律研究所教員。専門は憲法、教育法、文化法、
  人権教育。
  代表論文に「児少保護法作為芸術自由之限制」『東呉法律学報』第25巻第3期 (2014年) など。
- 張 万洪 (ZHANG Wanhong)

  中国・武漢大学法学院教員、武漢大学公益・法律発展研究センター主任。専門は、法理学、憲法。
  代表著書に『繽紛法影―美国電影中的法律―』(共著) (法律出版社、2012年) など。
- ラウ・トレーシー (LAU C S Tracy, 劉翠珊)

  香港バプティスト大学教育学系教員。専門は、教育史、香港教育研究、権力と教育。
  代表論文に Lau, T. (2013) "State Formation and Education in Hong Kong: Pro-Beijing Schools and
  National Education," Asian Survey, University of California Press 53:4, July/August など。
- 石塚 迅 (ISHIZUKA Jin)

  山梨大学生命環境学部教員。専門は、比較憲法、現代中国法。
  代表著書に『中国における言論の自由―その法思想、法理論および法制度―』(明石書店、2004年) など。

アンケート分析 「東アジア大学生の法意識を探る」
- 阿古 智子 (AKO Tomoko)

  東京大学大学院総合文化研究科教員。専門は、現代中国研究。
  代表著書に『貧者を喰らう国―中国格差社会からの警告― (増補新版)』(新潮選書、2014年) など。

座談会 「東アジアの大学生は『それでもボクやってない』をどう観たか？」
- 山﨑 直也 (YAMAZAKI Naoya)

  帝京大学外国語学部教員。専門は、比較教育学、戦後台湾教育。
  代表著書に『戦後台湾教育とナショナル・アイデンティティ』(東信堂、2009年) など。
- 李 丹 (LI Dan)　NGO 交差点藝文空間主宰。
- 蒋 蕾 (JIANG Lei) 香港大学大学院生。
- 黄 崇銘 (HUANG Chung-ming)　台湾・台北教育大学大学院生、台北教育大学秘書室秘書。
- 沙 佩琦 (SHA Pei-chi)　台湾・台北教育大学学生。
- 張 庭瑋 (Chang Ting-wei)　台湾・台北教育大学学生。
- 齋藤 麻穂 (SAITO Maho)　山梨大学学生。
- 西山 咲紀 (NISHIYAMA Saki)　山梨大学学生。

主催： 日本学術振興会科学研究費補助金 「「中国」をめぐるアイデンティティとナショナリズムに関する研究」 研究代表者 阿古智子
共催： 同 「権威主義体制下の憲法観―中国憲法と近代立憲主義との「距離」―」 研究代表者 石塚迅

編者・執筆者・発言者一覧

【編者】

阿古智子（あこ・ともこ）東京大学教員
石塚迅（いしづか・じん）山梨大学教員
山崎直也（やまざき・なおや）帝京大学教員

【執筆者・発言者】

《日本》

周防正行（すお・まさゆき）
齋藤麻穂（さいとう・まほ）

《中国》

張万洪（ZHANG Wanhong）
胡貴雲（HU Guiyun）
李丹（LI Dan）

《台湾》

徐筱菁（HSU Chiao-ching）
黄崇銘（HUANG Chung-ming）
沙佩琪（SHA Pei-chi）
張庭瑋（CHANG Ting-wei）

《香港》

トレーシー , C.S. ラウ（Tracy C.S. LAU）
トニア , K.C. チョン（Tonia K.C. CHENG）
蒋蕾（JIANG Lei）

東アジアの刑事司法、法教育、法意識
映画『それでもボクはやってない』海を渡る

2019年11月15日 第1版第1刷発行

編　者　阿古智子、石塚迅、山﨑直也
発行人　成澤壽信
編集人　北井大輔
発行所　株式会社現代人文社
　　　　〒160-0004　東京都新宿区四谷2－10八ツ橋ビル7階
　　　　Tel: 03-5379-0307　Fax: 03-5379-5388
　　　　E-mail: henshu@genjin.jp（編集）　hanbai@genjin.jp（販売）
　　　　Web: www.genjin.jp
発売所　株式会社大学図書
印刷所　株式会社平河工業社
装　幀　Malpu Design（高橋奈々）

検印省略　Printed in Japan
ISBN978-4-87798-741-1　C3032
Ⓒ　2019　AKO Tomoko, ISHIZUKA Jin, YAMAZAKI Naoya.

◎本書の一部あるいは全部を無断で複写・転載・転訳載などをすること、または磁気媒体等に入力することは、法律で認められた場合を除き、著作者および出版者の権利の侵害となりますので、これらの行為をする場合には、あらかじめ小社または著者に承諾を求めて下さい。
◎乱丁本・落丁本はお取り換えいたします。